뷰티 라이프 솔루션을 판다

뷰티 라이프 솔루션을 판다

BEAUTY

LIFE SOLUTION

이수진, 김선지 지음

두드림미디어

　　세일즈맨만이 뭔가를 파는 사람이 아니다. 우리는 모두 저마
다의 고유한 컬러와 스타일로 무장된 자기만의 브랜드를 파는 사
람이다. 마케팅이나 브랜딩 전문가만 자기만의 고유한 이미지를
만들어 메시지를 전달하는 사람이 아니다. 자기다움을 통해 가장
아름다운 색다름을 드러내고 싶은 사람은 모두 상품만 파는 마
케터를 넘어 자기다움을 대체 불가능한 이미지로 만들어 세상을
움직이는 메시지 디자이너이자 퍼스널 브랜드다. 뷰라판 2《뷰티
라이프 솔루션을 판다》는 이수진 대표와 김선지 원장이 현장에
서 발로 뛰면서 온몸으로 겪어낸 생존 투쟁기다. 머리로 생각해
서 편집한 언어보다 경험을 통해 몸으로 깨달은 교훈과 깨달음을
번역한 몸의 언어가 나를 드러내는 자기만의 언어고, 다른 사람

과 세상을 움직이는 감동적인 설득의 수단이다. 다른 사람과 비교하지 않고 자기다운 비전으로 비상을 꿈꾸는 사람, 세상에 둘도 없는 색다름으로 많은 사람으로부터 존경받는 아름다움을 추구하고 싶은 모든 사람에게 이 책은 필독서를 넘어 곁에 두고 늘 자신을 성찰하고 스스로 동기를 부여하게 만드는 인생 참고서다.

유영만
지식생태학자, 한양대학교 교수, 《늦기 전에 더 늙기 전에》 저자

진정한 뷰티 라이프는 자연스럽게 드러나 아름다움을 전하는 외적인 뷰(View)와 티 나지 않게 우리의 몸 안에서 성장하고 있는 내적인 건강이 시너지를 이뤄 만들어내는 놀라운 삶이다. 평균수명 90세 시대 자신과 타인의 삶을 진정 풍요롭고 행복하게 만드는 덕목인 가족, 일, 건강, 관계에서 모든 이들의 롤모델로 나날이 진화하는 이수진 대표가 두 번째 책으로 돌아왔다. 그 바쁜 와중에도 첫 책의 철학과 성과를 더욱더 업그레이드하고 집대성시킨 브랜드 마케터 이수진 대표의 열정과 도전정신에 다시 한번 찬사를 보낸다. 이 책을 펼치는 순간 어느덧 나라는 브랜드를 향한 여정에 나서고 있는 자신을 발견하고 환호하게 될 것이다.

박민수
의학박사, 56만 구독자 유튜브 채널 〈박민수 박사〉 운영자

열정, 솔직담백, 책임감, 꾸준함. 이수진 대표를 생각하면 떠오르는 단어들이다. 지금은 브랜딩 된 브랜드와 사람들이 성공하고 살아남는 시대다. 브랜딩이 필수인 시대에 살고 있는 우리에게 이수진 대표는 오랫동안 K-뷰티 업계에서 꾸준히 외길을 걸으면서 많은 브랜드를 디렉팅 관리하고 교육해왔다. 이 책은 현장에서 다져진 현실에 맞는 실질적인 가이드라인을 독자들이 이해하기 쉽게 설명한 글이다. 베스트셀러였던 첫 번째 책에 이어 업그레이드된 두 번째 책은 현실적으로 도움이 되는 글들이 많아 많은 분께 추천한다.

평균 절반 이상의 기업과 사람들이 3년 이상 버티지 못하고 진로를 바꾸거나 사업체를 닫는 어려운 시기다. 30년 가까이 외길을 계속 걸은 K-뷰티의 산증인이자 전문가인 저자들의 담백한 현장 이야기와 실질적으로 독자에게 도움 되는 이야기들을 들어보시라.

윤지은

no1cats & soubis 대표

새벽을 가르며 하루를 시작한다. 매일의 흐트러짐 없는 루틴. 철저한 기획력과 현장에서의 발 빠른 순발력으로 고객들과 호흡하고 있는 열정과 도전의 아이콘 이수진 대표.

뷰티 브랜드 '페이스모아'를 전개하는 경영자이자, 라이스방송의 퀸으로 불릴 만큼 그녀의 소통은 방송 곳곳에서 공감대를 만들어낸다. 그 비결은 바로 '상품에 대한 이해도'와 '진정성'으로 귀결된다. 그녀가 첫 책으로 펴낸《CEO 이수진의 뷰티 라이프 스타일을 판다》에서는 뷰티 비즈니스에 대한 도전기와 그녀의 라이프를 담아냈다면, 이번 두 번째 책《뷰티 라이프 솔루션을 판다》에서는 이수진 대표가 현장에서 몸으로 직접 체험했던 그대로의 것을 모두 담아냈다.

한 단계 진화된 이번 책은 뷰티와 라이프 스타일에 더해 라이브방송의 노하우들이 생동감 있게 펼쳐지면서 뷰티 시장의 필독서가 될 것으로 확신한다.

이정민

테넌트뉴스 부사장

이 책 출간에 참여한 앤뷰티 원장이자 마산대학교 겸임교수인 김선지 뷰티 전문가는 미래의 문화와 트렌드를 직관한 것일까? 25년 전 대학에 스킨뷰티케어학과가 만들어진 초창기에 전문적인 공부를 시작해서 뭉근하고 끈적진 열정으로 뷰티 에스테틱 분야에서 남다른 퍼스널 브랜딩을 하며 '원 포인트 윤곽관리' 스킨케어 프로그램을 만들었다. 기존의 페이셜 관리에 현장에서 얻은 객관적 임상 케이스의 지각으로 자신만의 노하우를 더해 녹여낸 똑똑하게 시너지 효과를 주는 관리 테크닉과 고객 니즈, 트렌드를 반영한 관리 프로그램이다.

타 분야 및 타인과의 공유·협업은 상상할 수 없는 거대한 가치를 생성해내고 개인과 사회가 함께 발전할 수 있는 가장 이상적인 라이프 스타일이다. 공저자인 이수진 대표와 함께하는 길이 세상 속에서 늘 반짝거릴 것이다.

김해남

마산대학교 뷰티케어학부 교수, 《기초피부미용학》 저자

2021년 들어서면서 라이브방송의 시작이 본격화되었다. 그 시기 라이브커머스를 시작하면서부터 두 번째 책을 집필해야겠다는 마음을 먹고 3년간의 경험을 틈틈이 기록하게 되었다.

라이브방송은 누구나 시작할 수 있고 어떤 제품이든 판매할 수 있기에 무에서 유를 창조한 나의 노하우를 아낌없이 알려드리고 싶다는 생각이 들었다.

내가 라이브방송을 경험하게 된 계기는 타 채널에 게스트(뷰티 전문가)로 출연한 것이다. 이어서 라이브스튜디오 대여해서 그립 채널을 제작한 것을 시작으로, 라이브스튜디오 비욘VYON을 직접 오픈했다. 네이버 비욘VYON 채널에서 방송하면서 신입 쇼호스트를 양성하고, 지금은 라이브커머스 대행업무까지 하고 있다.

뒤돌아보니 다양한 업무를 경험하고, 체험하게 되었다. 3년이라는 시간도 훌쩍 지났고 맨땅에 헤딩으로 이룬 일들을 경제적 상황이 어려운 분들이나 라이브방송 시작의 문턱이 어려운 분들에게 도움을 드리고 싶은 마음에 신중하게 정리했다.

사실 첫 번째 책,《CEO 이수진의 뷰티 라이프 스타일을 판다(뷰라판)》(이하 《뷰라판》)를 쓸 때보다 의욕과 노력, 열정이 느슨해지기도 했다. 그 이유는 실무가 더 바빠졌기에 24시간을 쪼개 쓴다는 것이 예상보다 만만치 않은 작업이었기 때문이다. 그만큼 많은 일을 경험하고 느낀 점을 하나씩 풀어보기 위해 급하지 않게 천천히 준비하고 있었다.

2023년 5월, 일본 비즈니스 파트너를 만났다. 그녀는 북해도에 있는 치과병원 내 에스테틱 교육을 담당하며, 그녀의 개인 에스테틱 숍(피부관리전문점), 수진뷰티를 2023년 10월 말 북해도 삿포로 중심가에 오픈했다.

수진뷰티는 K-뷰티(K-Beauty, 한국식 미용 트렌드)를 그대로 접목한 에스테틱 숍이다. 내가 만들었거나 추천하는 화장품들, 에스테틱 관리프로그램, 에스테틱 마케팅 등 한국의 에스테틱 숍에서 진행하는 모든 것들을 그대로 가져가고 싶다고 이야기하며, 나의 제자가 되겠다고 찾아와 진행하게 된 것이다.

이 일을 계기로 미뤄놓았던 책 출간을 서둘러야겠다고 마음먹었다. 《뷰라판》의 실전 편을 빨리 출간해야겠다고 생각했기에 화장품 제조, 유통, 수입, 수출, 스마트스토어, 라이브방송, K-뷰티 실전 교육까지 경험한 일들을 기록하는 데 매진하게 되었다.

직접 경험하지 않고 주워들은 이야기나 가벼운 현장공부로 누군가를 컨설팅해준다며 설치는 업체나 시기, 질투의 경쟁상대로 느끼고 영업 방해하는 분들이 말할 수 없는, 나만의 현장 노하우를 담아 전해주고 싶었다.

10년 이상 사업을 운영하며 필드에서 터득한 다양한 실패와 성공 케이스가 있었기에 이러한 프로세스를 거침없이 이야기할 수 있게 된 것 같다.

K-뷰티, K-에스테틱(K-Aesthetic, 한국식 피부 관리)을 널리 알리겠다는 사명감을 가지고 후배들이나 뷰티 업계에서 일하기를 꿈꾸는 꿈나무들을 위해 끊임없이 공부해야 함을 강조할 수밖에 없다. 이 일이 나의 책임이 되어버린 지 오래다.

나를 찾아와 상담하다 눈물을 흘리며 도와달라는 몇몇 분들에게 느끼는 벅찬 감정들…. 그녀들에게 꼭 가능하다는 희망을 전해주고 싶었기에 그 누구에게도 배워본 적이 없는 나만의 실무와 경험담들이 도움이 되길 바란다.

하루의 시작부터 취침 전까지, 꼭 필요한 아이템이 되어버린 화장품. 우리가 매일 사용하는 화장품은 과연, 어떻게 만들어지고 유통되고 판매하고 있을까? 10년 이상 버티기 힘들다는 뷰티 시장에 살아남은 나만의 사업 노하우를 이 책을 통해 전격 공개하겠다.

대표 저자 **이수진**

* 목차 *

아침 기상 후 잠자리에서 일어나 맞은편 화장대 거울을 바라보게 된다.

"내 얼굴이 부었나?"
"푸석푸석한가?"
"건조한가?"

스스로 피부 상태를 점검 후, 아침 샤워를 시작한다. 잠자리에 묻어난 땀, 피지, 노폐물, 침 등의 불순물들을 깨끗하게 제거해야 하기에 물 세안이 아닌 가벼운 클렌징폼으로 부드러운 거품을 내어 세안한다. 잘 말린 뽀송뽀송한 수건으로 얼굴의 물기를 제거

후 화장대에 정리된 스킨케어 제품들을 순서대로 바르며 간단한 데일리 메이크업을 시작하게 된다.

"어머! 스킨로션(토너)이 똑 떨어졌네".

예전 같으면 오프라인 숍에서 스킨로션을 직접 골라 구매 후 사용했지만, 요즘은 에스테틱 브랜드들도 온라인 쇼핑몰에서 다양한 형태로 판매되기에 굳이 전문 오프라인 숍에서 구매하지 않아도 된다. 핸드폰 애플리케이션 중 라이브방송 앱에 '#알림 받기'만 해두면 라이브방송이 시작될 때 특가로 가장 저렴하면서 많은 혜택을 누리며 원하는 상품을 얻는 시대가 왔다. 내 주위에는 홈쇼핑뿐만 아니라 라이브방송을 통해 상품을 구매하는 사례가 점점 늘어나고 있다. 이런 시장 속에 우리는 살아가고 있다. 그만큼 소비자들 역시 넘치는 뷰티 정보로 화장품 정보에 있어 똑똑해지고 있다. 핸드폰으로 검색만 하면, 원하는 정보들을 얻을 수 있는 시기에 익숙해져가고 있는 것이다.

내가 거래하고 있는 전문 에스테틱 숍은 이러한 소비자들을 상대해야 한다. 소비자가 직접 할 수 없고, 얻지 못하는 차별화된 기술과 마케팅에 접목해야만 성장할 수 있는 것이다. 체인점 사업, 브랜드 전문 숍들을 운영하는 분들이라면 더 고민하고 대응해야 하는 시기다. 이에 나에게 자신의 브랜드를 만들어보고 싶다고 연락이 와서 인연을 맺은 이야기를 여러분께 전하겠다.

PART 01

화장품 제조 컨설팅, 도와주세요

화장품 제조 컨설팅!
제가 도와드릴게요

인연의 소중함을 실감하는 요즘이다. 이 비즈니스를 시작한 지도 10년 이상이 되었다. 큰 성장은 아니었지만, 수많은 실패 속에서 조금씩 성장해가는 나의 모습이 좋아보였는지 사업 초기부터 맺은 소중한 인연에게 연락이 오기 시작했다.

어느 날 델라루즈코스메틱 엄상희 대표에게 연락이 왔다.

"대표님의 책 《뷰라판》 읽고 전화를 드렸어요. 사실 제가 직영숍들이 많다 보니 저희 숍에서 화장품들을 많이 사용하잖아요. 저역시 오랫동안, 이 업계에서 일하다 보니 이젠 저만의 브랜드로 된기초제품들을 만들어보고 싶어서요. 대표님이 도와주셨으면 해요."

나의 의견은 중요하지 않았다. 그녀는 당연히 내가 해줄 것이라는 믿음으로 만들고 싶은 제품 토너와 앰플 견적서를 바로 요청했다. 나 역시 고민할 틈도 없이 그녀의 제안을 받아들였다. 바로 화장품 연구원 출신 엄 대표를 만나, 그녀가 원하는 제품의 상품기획을 시작했다. 생산 수량에 크게 집중하지 않고 마음을 다해 좋은 성분으로 차별화하는 마케팅 전략, 합리적인 생산가격으로 소비자들에게 사랑받는 제품을 만들어드리고 싶었다. 그래서 파트너인 엄 대표에게도 신신당부했다. "저 원장님의 브랜드가 오래 갈 수 있는 브랜드가 되게 만들어드리자"라고.

내 인생을 돌이켜봤을 때 명품이 주는 의미를 이제는 알 것 같다. 30대 초반 내 인생 처음으로 구매한 명품 가방 브랜드가 '구찌(GUCCI)'였다.

지금으로부터 20년 전, 내가 다니고 있었던 회사의 대표님과 첫 해외 출장을 다녀올 때였다. 남들은 하나씩 다 가지고 있다는 명품 가방을 가지고 싶은 마음에 모아놓은 비상금으로 면세점에서 장만하게 되었다. 크게 마음먹고 나의 돈으로 준비한 첫 명품 가방이었다.

워낙 독특한 디자인을 좋아해서인지, 그 디자인은 지금까지도 흔하지 않다. 20년이 지난 지금까지도 세련미는 어디서든 밀리지 않는다. 디테일, 내구성, 세대를 아우르는 디자인 요소를 골고루

갖췄다고 할 수 있다.

영화 〈하우스 오브 구찌〉를 관람하면서 내가 주목했던 것은 오직 구찌라는 브랜드의 비하인드 스토리와 하이엔드 브랜드 파워가 되기까지의 성장 과정이었다.

세계적인 명품 브랜드 구찌처럼 브랜드 고유가치를 만들어 키워야겠다는 생각으로 내가 만들고 취급하는 브랜드들에 대한 분석을 고민해보는 시간이기도 했다.

제품의 독창성 하이퀄리티가 존재해야 가능한 일이므로 내게 제품생산이나 브랜드에 대한 기획 업무가 주어졌을 때는 더 신중할 수밖에 없었다.

우리가 아는 명품 브랜드를 들여다보면 단기간 쉽게 탄생해서 유명해진 브랜드는 아마도 없을 것이다. 수십 년 동안 그 브랜드 고유의 컬러를 뽐내며 소비자들이 먼저 찾아오게 하는 포지셔닝을 지니기 위해 끊임없이 노력하고 있었다. 구찌처럼 무에서 유를 창조한다는 일은 결코 쉬운 일이 아니었다.

우리는 재구매가 많은 제품, 즉 고객이 다시 찾는 제품들을 만들어주기 위해 기획단계부터 출고까지 상당히 많은 노력을 쏟았다. 무엇보다 카피가 쉽지 않은 제품을 만들기 위해 노력했다.

기능성 인증성분을 넣어 제품마케팅에도 독창성 있게 누구도 카피할 수 없는 원장님의 브랜드가 구찌처럼 오래갈 수 있는 브랜드가 되길 기도하면서 만들어드렸다.

의뢰받은 회사의 프로페셔널 제품 2가지, 토너와 앰플을 각각 3,000개씩 생산해서 1차 생산 출고가 되었고, 8개월 만에 2차 주문을 받았다. 그리고 그사이 그녀는 대만 성형외과까지 수출하는 성과를 냈다는 소식을 들을 수 있었다.

사업의 이익을 떠나 고객님들에게 인정받고 사랑받는 화장품 브랜드를 만들기 위해 기획하고 마케팅하는 화장품 컨설팅 전문가 이수진이 되고 싶은 것이 나의 소박한 꿈이기도 하다.

에스테틱 숍을 운영해본 테라피스트 출신의 대표가 아니었기에 이 업계에서 인정받기 위해서는 남들이 가지 않은 길을 찾아 스스로 개척해야만 했다.

이 또한 쉬운 일이 아니었다. 그리고 컨설팅이라는 명목 아래 힘없는 소상공인들에게 접근해 브랜딩, 마케팅을 해준다고 하며 목돈을 갈취하는 잘못된 케이스를 알려주고 싶어 이 책에 다양한 사례를 기록하게 되었다. 힘들게 벌어 성장하기에도 짧은 시간이다. 실수 없이 사업 잘하길 바라는 뷰티 업계 사람들에게 나의 이야기가 작게라도 희망이 되었으면 한다.

우선 화장품책임판매업자 등록을 하세요

　화장품 책임판매업자 관련 내용은 네이버나, 유튜브 등에 검색해보면 잘 소개되어 있으니 참고하길 바란다. 그래도 잘 모르겠으면 가까운 행정사에게 상담을 해보는 것도 좋은 방법이다. 화장품 책임판매업자 조건도 까다롭기 때문에 처음부터 원칙대로 잘 준비하고 시작하는 것이 좋다.

　그러고 나서 내가 만들려는 화장품 기획서를 준비해야 한다. 화장품이야 돈 있고 카피 제품이 있으면 누구나 만들 수 있다고 생각하는 분들이 많다. 그러나 이는 초보자들이 가장 많이 하는 실수 중 하나다.

　화장품 제조를 하려면 누구를 대상으로 어떻게 유통할지를 먼저 고민해보고 기획단계를 진행하면 좋다. 화장품 전문가라면 최소한 다음 10가지 정도에 맞춰 기획서를 작성하고 제품을 만들어야 한다고 생각한다.

우리나라에서 화장품을 만드는 OEM, ODM 공장은 많다. 그 수많은 공장들이 각각 잘 만드는 아이템들이 있고 수량을 조율해주기도 하므로 잘 체크를 해가며 기획해야 한다.

시중에 잘 나가는 기존 제품을 하나 들고 가서 "저 이거랑 똑같이 만들어주세요" 하는 주문만큼은 안 했으면 한다. 그러기 위해서는 다음과 같은 프로세스는 체크해가며 준비하는 것이 좋다.

1. 시장 분석

내가 만들 제품을 어디서 어떻게 사용, 판매, 유통할지가 중요하다. 정확한 타깃을 정해서 상품기획을 해야 한다. 에스테틱, 홈쇼핑 시장일지, 로드숍, 온라인 전문 판매일지, 해외 시장으로 수출할지에 따라 상품기획이 달라지고 준비해야 하는 인증서류도 달라지기 때문이다.

"저희 제품은 너무 좋아요"라며 차별화된 전략 하나 없이 무조건 잘 팔리는 제품으로 만들어달라는 분들을 보면 답답하다는 생각이 든다.

2. 판매고객

기존 오프라인의 에스테틱 숍 단골손님에게 판매할지, 네이버 스마트스토어, 쿠팡, 11번가 등 온라인 고객에게 직접 판매할지, 수출(아마존, SHOPEE, 왕훙 등과 같은 온라인몰)을 목표로 유통할지를 신중하게 고민해보고 사업 방향을 준비해 나간다. 1차 생산량 3,000개, 5,000개, 1만 개 이상 등에 따라 판매정책 또한 달라지기 때문이다.

3. 제품 품질

누구나 좋은 제품을 만들고 싶어 한다. 어떤 것이 좋은 제품인지, 어떤 피부 타입에 맞는 제품인지도 정해서 만들기 시작하면 좋다.

최신 트렌드 유행성분을 함유시켜 만들지 특수피부 타입에 맞춰 기능성 인증을 받을지를 고려해 고객 타깃에 맞춰 상품군들을 만들어야 제품 출시 후 마케팅하기에도 수월해진다.

예를 들면, 아토피와 예민한 피부를 위한 진정 및 보습, 안티에이징(주름 노화예방), 아크네(여드름), 미백(기미와 색소 침착 완화) 라인 등으로 고객 타깃에 맞춰 상품군들을 만들 수 있다.

4. 제품 디자인

신규업체 스타트업일수록 가장 많이 신경 써야 하는 부분이 제품 디자인이다. 고유 브랜드명, 로고 BI, CI를 먼저 정하고 상표 등록 해야 한다(국내, 해외 브랜드 둘 다 가능한 상표를 등록하면 좋다).

그리고 난 후에 자신의 브랜드 이미지와 어울리는 용기를 고른다. 용기 디자인을 고민해서 한 눈에 어떤 콘셉트의 제품인지를 소비자들이 쉽게 인지할 수 있도록 만든다. 로고를 만들 때는 될 수 있으면 전문가의 도움을 받기를 권한다.

5. 브랜드 스토리

제품 탄생 스토리는 아주 중요한 요소다. 일명 스토리텔링을 말하는 것이다. 어떤 스토리로 제품이 탄생했느냐에 따라 명품이 될지 아닐지가 결정되기 때문에 신중하게 결정해야 한다(앞서 구찌를 예로 든 것처럼). 내 돈을 투자해서 시간과 열정을 쏟아 만든 제품이라면 이 정도의 노력은 당연히 해야 하지 않을까 생각한다.

6. 브랜드 네이밍

아모레, LG 등 대기업의 명품 화장품 브랜드만 봐도 알 수 있다. 고객들이 부르기 쉽고 인지되기 친근하게 선정해야 한다. 유명 브랜드가 된 브랜드 네이밍을 보라! 금방 익숙하게 불리는 장점들이 있다.

소비자들이 인지하기 쉬운 브랜드 네이밍을 서치해보고 연구해서 정한 다음 국내외 상표등록까지 명확히 해두자. 나의 경험상 아마존에 상품등록을 하려다 상표등록 문제로 등록을 못 시킨 사례로 손해를 입은 경험이 있다. 이 부분을 잘 체크해서 더 좋은 시장으로 나갈 수 있길 바란다.

7. 제품가격

제품원가(도매공급가)를 받고 유통가격, 소비자가를 정하는 것은 아주 중요한 업무다. 제품의 마진율을 너무 적게 하거나, 너무 과하게 해도 판매 채널에 분명 문제가 생기기 때문이다. 유통전문가가 아닌 초보자라면 경험 많은 선배나 협업업체 대표들의 조언, 컨설팅을 참조하기 바란다. 아무 생각 없이 정해진 가격에 유통하기란 힘들기 때문이다. 이윤이 남지 않은 상품에 장사할 거래처는 없지 않겠는가?

8. 판매 방법

B to B(Business to Business, 기업과 기업 간의 거래), B to C(Business to Customer, 기업과 개인 간의 거래), 온라인(폐쇄몰, 오픈마켓, 스마트스토어, 아마존, 큐텐, 타오바오 등) 판매 등 국내, 해외의 다양한 판매 채널들을 고려해 비즈니스를 확장해보자.

9. 브랜드 마케팅

큰 기업이야 마케팅 자금을 여유 있게 진행할 수 있겠지만, 소상공인일수록 최저 투자로 최고 혜택을 누리고 싶어 한다. 나 역시 적은 비용으로 마케팅하며 회사를 키워가기 위해, 2014년부터

SNS를 직접 꾸준히 하고 있다. 나의 경험을 바탕으로 책도 쓰게 되었고, 창업컨설팅도 하게 되었다. 특히 해외 파트너들을 만날 때 이 기록들은 무한한 신뢰를 주었기에 일본의 '수진뷰티'를 계약 할 수 있었다. '내가 브랜딩이 되자'라는 마음으로 하루하루 최선 을 다하고 실천해보자.

10. 재구매 전략

좋은 제품의 기준은 소비자들의 재 구매력에 의해 결정된다. 좋은 제품은 누구보다 소비자분들이 가장 냉정하게 판단해서 찾 기 때문이다. 제품의 질, 사용용량, 가격, 효능 등 이 모든 것이 만 족스러워야 잘 판매된다.

출처 : 저자 작성

작년 하반기부터 내 브랜드 페이스모아 시트마스크 베이스를 기반으로 마스크팩 컨설팅을 해주고 있는 업체가 있다.

OEM 5만 장씩 생산주문을 받았고, 2년이 채 안 되었는데 벌써 한 달에 3만 장 이상 주문하는 우수거래처이기도 하다. 브랜드명도 기가 막히다. '비상팩'. 이 거래처 대표님의 여드름 라인 진정보습 콘셉트의 제품들을 생산하기 위해 내게 의뢰해서 본인 브랜드 기초라인도 하나씩 만들기 시작했다.

대표님의 병원 피부관리실 등의 오랜 실무경력으로 고객님들 니즈에 맞춰 전문가로서 화장품 판매에도 능숙하기에 그녀의 비즈니스는 생각보다 승승장구하고 있다. 에스테틱 업계에서도 '여드름 전문'으로 유명세를 알리는 원장님이 되셨다.

파트너사의 성장은 나를 더 채찍질하며 함께 성장하는 좋은 일이 되는 거 같아 보람차다. 2023년 상반기 그녀는 내게 기초 화장품까지 컨설팅 제안을 했고 OEM 주문을 받아 제조 중이다.

클렌징 3종 〉 토너 〉 앰플 〉 수분크림 〉 진정 겔 〉 마사지 크림 〉 마스크팩까지…. K-뷰티 전문가로 판매 노하우가 담긴 제대로 된 컨설팅을 위해 나는 오늘 하루도 최선을 다하고 있다.

화장품 생산 프로세스를 소개합니다

　앞서 제품을 만들기 위한 프로세스를 소개했다면 이번에는 제품 생산 프로세스를 소개하겠다. 제품을 유통하다 보면 누구나 내 브랜드를 가져보고 싶다는 꿈을 꾸며 살아간다.

　거래처 분들의 매출이 늘어나고 사업 규모가 커지다 보면 당연하게 브랜드를 만들고자 하는 욕심을 가지게 된다. 비즈니스의 여유자금만 있으면 제품생산 자체가 어려운 일은 아니기 때문이다. 꾸준하게 판매될 제품들을 만들기 위해서는 생산하려는 제품이 나오기까지의 과정이 명확해야 한다. 우리 회사가 거래처 분들의 제품생산을 돕는 프로세스 과정을 소개해본다.

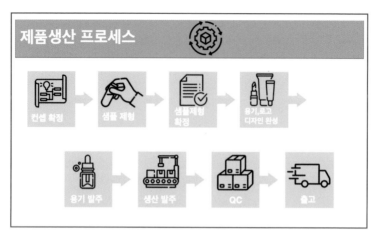

출처 : 저자 작성

1. 만들고자 하는 제품의 콘셉트를 확정한다.

   예를 들면, 클렌징을 먼저 만들지 아니면 선크림을 먼저 생산할지 등을 결정한다.

2. 샘플 테스트(1, 2, 3차 정도)를 진행한다. 샘플 제형 테스트(향, 텍스처, 포뮬러, 제형 등 샘플지를 통해 소비자 테스트)를 확정한다.

3. 용기 업체를 통해 용기선정을 하고, 로고 디자인을 완성한다.

4. 용기 발주, 생산 발주, QC까지 진행한다.

5. 출고까지 기나긴 여정을 거치면, 오래 기다린 만큼 제대로 된 신제품이 완성되어 내 품에 안기게 된다.

이 과정에서 처음 생산 시작하는 업체와의 커뮤니케이션은 매우 중요하다. 단지 눈앞에 보이는 계산서 단가만 따지고 싸게 저렴하게 외치는 분들과의 업무는 대화 자체가 불가능할 때가 많다. 경쟁업체의 영업방해로 가장 비교되기 쉬운 숫자에만 연연하기 때문이다. 의뢰한 업체와 제조 컨설팅을 하기로 했다면 파트너를 믿고 따르길 바란다.

※ QC : 품질관리 기업 자체 필요성에 의해 자율적으로 추진되는 품질관리를 위한 실시기법과 활동이며, QC에서 말하는 품질은 생산 중심적 내지는 제품 중심적 사고와 관리기법을 말한다. 또한, QC는 QM의 성공적 수행을 위한 관리기술의 하나이기도 하다.

앞서 제시한 요소들을 최대한 고려하고 반영해서 제품 출시에 관한 생각을 하고 시장에 뛰어들기 바란다. 너무 쉽게 뛰어들다가 사기당해 법적 분쟁을 하거나 낭패 보는 회사들도 많기 때문이다.

특히나 화장품 온라인 유통에서나 인스타그램 라이브방송 공동구매로 제품들을 판매하다 보면 어느 순간 자신만의 브랜드가 필요함을 절실히 느끼게 된다. 제조나 유통을 하시는 분들에게 이러한 정보는 상식이라고 본다.

사탕발림 영업력에 넘어가서 어렵게 시작한 제조 실패하지 말고 꼼꼼히 기획하고 판매하는 브랜드 대표님이 되시길 바라는 마음에서 나의 노하우를 방출하겠다.

PART 02

지금 당장
퍼스널 브랜딩부터
시작하세요

———

나의 페르소나 찾기

"여러분! '이수진 대표' 하면 떠 오르는 이미지가 무엇일까요?"

온라인마케팅을 배우러 오신 수강생들에게 본격적인 교육 시작 전 내가 질문을 던졌다.

"강의 잘하는 분이요."

'뷰티 업계 전반적인 컨설팅이 가능한 전문가요.'

"뷰티 업계를 주도적으로 이끌기 위해 노력하는 분요."

나의 예상과는 다르게 극찬이 쏟아져 몸 둘 바를 모르게 되었다. 교육이나 강의가 특출난 것은 아니라고 생각했는데, 막상 인정해주는 말을 해주시니 고마운 마음이 들었다.

"와! 극찬이네요. 여러분 정말 감사합니다."

"그러면 여러분들은 타인에게 비치는 자신들의 모습이 어떤 모습이기를 원하실까요?"

> # 나의 페르소나 : 지혜와 자유의사를 갖는 독립된 인격적 실체. 상위일체론에 이용되는 개념으로, 신의 존재 양식을 뜻한다.

퍼스널 브랜딩(Personal Branding)은 자신을 브랜드화해서 특정 분야에 대해서 먼저 자신을 떠올릴 수 있도록 만드는 과정을 말한다. 내가 무엇을 하는 사람인가를 남에게 인지시키는 것이 중요하다. 그러므로 나의 페르소나를 정하는 것이 무엇보다 우선이었다.

수강생들은 노트 위에 내 질문에 대한 답을 적기 시작했고 단시간에 해답을 찾긴 곤란할 거 같아 나는 다음 강의 때까지 과제로 제출하라고 제안했다.

《뷰라판》 출간 후 대학 특강, 뷰티 에스테틱업 강의 그리고 다섯 군데의 유튜브 채널 출연 요청을 받았다. 그중 한 군데가 〈패션 비즈〉 매거진 이정민 이사님이 운영 중인 〈'사만다', 사람을 만나다〉(이하 〈사만다〉)다. 인터뷰 출연 요청이 온 것이다.

뷰티, 패션 업계 유명하신 분들이 출연하는 채널에서 나를 초대하는 자리라니 믿기지 않았다. 나 자신을 브랜딩하고 내가 하고자 하는 일들을 알리기 위한 동영상 촬영이라 떨리기도 했고, 이런 기회가 쉽게 오지 않으니 집중해서 제대로 인터뷰에 임하고 싶었다.

다행히 일요일 아침 촬영이라 난 단골 메이크업 숍에 가서 여유롭게 헤어와 메이크업을 받고 촬영장소로 이동했다. 일행들보다 조금 일찍 도착한 나는 내가 취급하는 제품들을 촬영장소에 예쁘게 디스플레이하기 시작했다.

도고 온천수 베이스의 유산균 화장품브랜드 에쎌로비앤씨, 진정 마스크팩의 최강자 페이스모아 시트 마스크, 남성 화장품 브랜드 MD638, 자연주의 화장품 라페리, 이탈리아 화장품 올루스, 메디컬스킨케어를 지향하는 미국 화장품 프레미오21 등…. 에스테틱 업계에 내가 취급하는 제품들의 브랜드 콘셉트와 유통 라인을 소개하며 열심히 홍보했다. 내가 어떤 일을 하는지에 대해 다시 한번 정확하게 정리하는 시간으로 느껴졌다.

본격적인 인터뷰가 시작되면서 이사님의 날카로운 질문에 답하는 시간으로 1시간가량이 진행되었고 내가 알고 있는 내용, 경험한 일, 앞으로 나아갈 방향 등을 요약해서 신나고 즐겁게 뷰티 SNS 마케팅에 관해 이야기를 편안하게 풀어내기 시작했다.

어릴 적 쇼호스트의 꿈을 꾸었던 나이기에 이런 인터뷰 촬영은 내게 너무 흥미진진한 시간이기도 했다.

촬영 몇 주 후 유튜브 〈사만다〉에 올려진 동영상을 받아보게 되었다. 그 후 나는 강의실에서 강의할 때마다 글로 나열된 프로필 PPT 소개 대신 〈사만다〉의 유튜브 영상을 틀어준다. 내가 하는 일과 나라는 사람에 대한 퍼스널 브랜드를 인지시키는 데 아주 효과적이었다.

동영상으로 전달되는 나의 자기소개는 강의 시작 전 수강생들의 눈길을 집중시켰고, 강의시간에 단번에 집중도를 높이기 위해서도 아주 좋은 방법이었다.

출처 : 유튜브 〈사만다〉

이렇게 〈사만다〉에서 '경력 단절을 딛고 최고의 뷰티 큐레이터로!'라는 제목으로 촬영한 5분 27초짜리 영상 하나가 강연, 강의 자리에 나를 소개하는 퍼스널 브랜드 자료 영상이 되었다.

내가 하는 일, 내가 취급하는 제품, 앞으로의 뷰티 트렌드 동향을 이야기할 수 있는 동영상이 되어주었다.

교육 수강생이나 학생들은 5분짜리 영상 하나에 내가 어떤 일을 하는 사람이고, 앞으로 어떤 일을 추진할 계획인지에 대한 임팩트 있는 영상이었다고 함께 좋아해주셨다.

지금의 시대는 지연, 학연, 경력 등을 어필하는 서류보다 동영상 한 편으로 자신을 소개하는 미디어 시대가 되어 있었다. 이왕이면 본인이 일하는 분야의 전문 책을 쓰고 강의를 하다 보면 완벽한 퍼스널 브랜딩이 되지 않을까 싶다.

화장품 회사를 경영하면서, SNS 활동을 하면서 비즈니스를 위해 누군가를 만나듯 이렇게 나만의 컬러, 나만의 페르소나를 정한다면 당신의 브랜딩은 더 임팩트가 있지 않을까?

2022년 8월에 출간된 《당신의 간판은 돈을 벌어주고 있습니까?》의 저자 김현상 대표는 SNS 통해 알게 된 동갑내기 대표였다. 나의 책 출간이 긍정적 자극이 되어 본인도 새벽형 글쓰기습관을 통해 자신만의 브랜드 책을 출간하게 되었다고 한다.

이처럼 SNS이라는 공간은 누군가에게는 힘이 되기도 하고 누군가에는 성공으로 가는 좋은 자극제가 되기도 하는 것 같다. 그러니 꾸준히 안 할 이유가 없지 않은가?

"여러분! 지금 당장 내가 브랜딩이 되는 연습부터 시작해보는 건 어떨까요?"

50대의 열정녀

"너는 끈기가 없어 문제야. 뭐든 하다 말고 금방 끝내버리잖아."

"너희 엄마는 시작은 좋은데, 끝까지 하는 걸 본 적이 없단다."

나에게 비아냥거리며 아이들 앞에서 남편이 이렇게 이야기했다. 순간 꼴 보기 싫어 흘겨봤지만, 예전의 나는 그런 성향이 아주 강했다.

그러나 이제는 그런 소리가 내 마음속 깊은 곳의 자존심을 건드린다. 무언가 꿈틀대듯 독기가 생기고 "어디 두고 봐"라고 할 정도로 끝을 보는 성향으로 변한 지 오래되었다.

예전에는 그런 소리를 들을 만했다. 몇 번이나 공부도 하다 말고, 시험준비도 하다 말았다. 결혼 10년 차까지는 꾸준히 하는 일이 별로 없었다. 그래서 더 강렬하게 생긴 거였을까? 내 마음속의 열정이 말이다.

어느 순간 호기심이 생기면 한 분야, 한 분야에 집요하게 파고드는 성격으로 변했다. 나도 모를 무서운 집중력을 발휘하게 되었고, 꾸준히 임하는 태도도 자리 잡게 되었다. 그래서 내게는 지기를 싫어하는 승부욕이 생겼다. 무엇이든 집중적으로 습득하는 배움의 욕구가 생겼으며, 더 강력한 긍정의 마인드를 가지게 되었다.

덜렁거리고 털털했던 나의 성격은 어느 순간부터 조금씩 치밀해지며 꼼꼼한 성격으로 변해 있었다. 그리고 매일 독서 습관을 키워나가며 미술, 철학, 심리학, 경영학 등의 다양한 서적들을 읽어나갔다. 나의 시야 안목과 사고를 키워나가기 위해 노력하며 살아가고 있다. 시간을 허투루 쓰는 것이 아까워서, 무엇이든 작은 목표를 세우며 도전해가고 있다.

때로는 다른 사람이 나를 향해 쏟아놓는 부정적인 말투가 나 자신을 바꿀 수 있는 긍정의 기회가 되기도 하는 것 같다. 그 덕에 예전에 쉽게 받았던 마음의 상처를 조금은 덜 받고 살아가는 것 같기도 하다. 그런데도 가까운 사람에게는 이왕이면 좋은 말로 진심 어린 조언을 해 줬을 때 더 감동하지 않을까 생각된다. 결핍이 좋은 자극이 되었기에 나의 열정은 멈추지 않는 것 같다.

사업은 내가 좋아해야 열정도 식지 않으며 꾸준히 나아가는 것 같다. 열정도 좋지만 진정 내가 원하고 즐기고 흥분되는 일이 무언지 곰곰이 생각해보는 것도 중요하다.

지금 내게 컨설팅을 받는 30대 여성 대표님 한 분은 나와 미팅을 하고 헤어진 몇 시간 뒤 전화 와서 이런 말을 전해줬다.

"의욕도 없고 목표도 없었던 제가 대표님과 미팅 후 목표가 생기니, 몇 시간 동안 800만 원의 매출을 올리고 집중하면서 마음 상태가 기쁘고 흥분이 되더라고요. 너무 신기해요."

그렇다. 정말 간절해야 이런 열정이 생긴다.

"여러분들도 잊고 있던 내 열정을 마음속으로 고민해보고 결정되었다면 꺼내어 추진해보는 건 어떨까요?"

50대의 건강은 꾸준한 관리가 답

지난 3월 어느 날 몸무게를 재기 위해 체중계에 올랐다. 그런데 4년 동안 퍼스널 트레이닝을 받고 식이요법을 할 때도 잘 빠지지 않던 체중이 갑자기 3kg 감량이 되니 건강에 의심이 생기기 시작했다.

딱히 운동한 것도 아닌데 입안은 매번 심한 갈증을 느껴 물을 벌컥벌컥 마셔대기 시작했고 아침에 일어나 혀를 보니 어느 날부터 백태가 생겨나기 시작했다. 매일 아침 체크하게 되는 변 모양도 염소 똥처럼 동글동글하게 변하고 있었다. 뭔가 이상하다는 신호를 감지하고 나는 동네에 건강검진을 하는 내과병원 전문의를 찾아가게 되었다. 의사 선생님이 "자주 피곤하세요?"라는 질문을 하자 나는 "매일 피곤해요"라고 답했다. 그랬더니 의사 선생님이 웃으셨다.

혈액검사를 하고 결과를 들으러 찾아간 날, 병원 원장님은 심각한 표정으로 내게 혈당이 높다고 복부 초음파를 촬영하자고 하셨다. 복부 초음파 결과 종양이 보인다며 큰 병원 가서 복부 CT를 촬영해보라 하셨다. 순간 겁이 났다. 무서워서 화장실에 들어가 눈물을 흘렸다.

"이건 무슨 일이지?"

너무 갑작스러운 일이라 당황할 수밖에 없었다. 무거운 발걸음으로 집으로 돌아와 큰아들을 보자마자 나도 모르게 엉엉 대성통곡하고 말았다.

"엄마가 아프데…. 내일 큰 병원서 CT 촬영하라는데 무서워. 정호야" 하며 두려움에 가득 찬 소리로 통곡하고 말았다.

다음 날, 남편과 무거운 발걸음으로 김포의 종합병원을 가서 CT 촬영을 하고 CT 결과를 본 의사 선생님은 내게 진료의뢰서를 써주시고는 대학병원으로 가서 복부 MRI를 촬영해보라고 하셨다.

점점 두려움과 걱정이 밀려왔고 하루하루 흘러가는 시간을 그냥 보낼 수 없다는 생각과 함께 외무 업무 일정은 모두 중단했다. 급한 업무만 처리 후 혹시 모를 결과에 마냥 대비할 수밖에 없었다. 건강검진 이후 집에서 식습관을 바꾸고 검사 결과가 나오기까지 독한 마음을 먹으며 췌장암과 식습관에 관한 책을 읽고 관련 정보를 공부하기 시작했다.

이제야 마음 편하게 하는 이야기고, 그때는 죽음을 예고 받는 기분이었다. 1만 명 중 2~3명이 걸린다는 췌장암, 그중 20% 정도만이 생존한다는 두려움이 공포심으로 가득 찬 불안한 나날의 연속이었다.

그러나 감사하게도 결과는 다행히 암이 아니었고, 양성종양이지만 6개월 뒤 다시 MRI를 찍어 확인해보자는 소견이었다. 결과를 듣기까지 4주간 내 삶은 정말 천국과 지옥을 오가는 심정이었다.

췌장의 원활하지 않은 인슐린 분비 문제로 혈당을 잡기 위해 당뇨약을 복용해야 했다. 친정엄마도 내 나이부터 당뇨약을 복용했다 한다. 받아들이기 힘들었지만 나는 당뇨식으로 식단을 바꾸었고 이후 내 삶과 철학은 많이 바뀌었다. 좋아하고 즐겼던 맥주타임도 바로 중단하고 금주하게 되었다. 밀가루 음식, 인스턴트 식품, 이온음료도 끊고 야채, 과일 생선 위주의 식사로 바꿔나가고 있다. 빵은 비건 빵, 통밀 식빵 위주로 섭취하고 집에서 키토식으로 만들어 먹기도 한다.

양배추, 사과, 당근 샐러드는 매일 한 접시씩 아침 식사 대용으로 섭취하고 있다. 한 달간 4kg 감량이 되었고 예전보다는 힘이 없지만, 내 피부 상태는 맑아졌고 만나는 사람마다 혈색이 좋아 보인다고 했다. 이렇게 식습관이 무서운 거구나 생각하며 지금도 노력 중이다. 아마도 죽는 날까지 노력할 것이다.

'큰 성공을 위한다면 작은 성공부터 하라' 하는 명언처럼 습관을 바꾸는 일이란 정말 자신과 끝없는 싸움과 도전이었다.

50세는 건강을 생각할 수밖에 없는 나이다. 어른들이 '돈보다 건강이 제일 중요하다'는 말씀을 확실히 실감하고 있는 요즘이다. 몸은 젊어 보일지라도 50년 동안 혹사한 내 몸은 상처를 받고 아프며 나이를 먹고 있었다.

영화배우 강수연 씨가 뇌출혈 후 심정지로 세상을 떠났다는 기사 역시 충격적이었다. 나 역시 이번 일로 건강을 다시 체크하며 생활 습관을 바꾸고 바른 먹거리를 위해 노력하며 살아야겠다.

PART 03

뷰티
라이브셀러
이수진입니다

———

라이브방송 준비사항을 알려드립니다

2021년 2월의 어느 날, 라이브채널을 운영하는 지인으로부터 미팅 요청을 받았다. 집 앞 카페에서 마주한 우리는 간단히 근간 소식을 전하고 미팅의 본론부터 이야기하기 시작했다.

지인은 본인이 운영하는 라이브채널에서 라이브방송 1시간 동안 3040 고객님들이 들어오기 시작한다고 했다. 이곳에서 화장품을 함께 판매, 홍보해보면 어떻겠냐는 제안이었다. 때마침, 《뷰라판》이 출간되어 열심히 출강하고 있었을 때였다.

나는 좋은 제안 같아 한번 도전해보겠다고 했다. 그리고 내가 판매하고 있는 에스테틱 화장품들을 소개하며 뷰티 라이프셀러 이수진으로 활동해보고 싶다고 역으로 제안했다. 그날 미팅 이후 라이브커머스 관련 모든 책을 서점에서 구매해 정독하고 유튜브를 시청해가며 라이브방송에 대해 공부하기 시작했다. 라이브커머스 관련 책 몇 권 읽다 보니 이론상 라이브방송 진행에 관한 흐름은 읽을 수 있었다.

5, 4, 3, 2, 1…Q. 큐 사인과 동시에 스마트스토어 채널 '알림받기'를 하는 고정고객들에게 알림이 전달되면서 한 명, 두 명씩 입장하기 시작하면 라이브방송 오프닝을 열었다.

"안녕하세요? 여러분! 어서 들어오세요. 여기는 뷰티 전문채널 비욘VYON입니다. 저는 뷰티 라이브셀러 이수진이고요. 지금 제 옆에는 ○○○(당일 방송 초대손님 제품회사 대표님이나 쇼호스트를 소개한다)이 나와 계십니다. 여러분 한 주 동안 잘 지내셨나요?"

이렇게 인사하며 라이브방송을 활기차게 시작한다. 50세라는 나이가 무색할 정도로 나는 인생에서 가장 하고 싶은 일들을 즐겁고 바쁘게 생활하며 1주일에 한 번씩 라이브방송을 즐기고 있다.

2021년 3월부터는 30회가량 〈그랜파피〉라는 채널에서 라이브방송 뷰티 전문가로 활동했다. 8월 중순부터는 라이브 전용 애플리케이션 '그립', 나의 채널 〈페이스모아〉에서 10번 정도 라이브방송을 진행했다. 하지만 나의 시간 투자 대비 참여도가 낮아서 조금 힘이 빠짐을 느꼈다. 이후 네이버 쇼핑라이브로 전향한 2021년

10월 초부터 지금까지 꾸준히 매주 1~2회씩 진행하고 있다.

현재 그립 채널은 프리랜서 쇼호스트들에게 뷰티 전문 쇼호스트로서 입문을 준비, 연습하는 장으로 만들어주고 있다. 2030 쇼호스트들과의 만남은 좋은 아이디어나 판매전략 등의 의견 나누는 시간이 되기도 한다. 여러 방면으로 신선하고 내게도 긍정적인 자극이 되기도 한다.

나의 채널이긴 하지만 하고 싶은 제안을 마음껏 펼쳐보고 경험하라고 했더니 열정적으로 섬네일, 라이브방송 예고, SNS 홍보영상 등 다양하게 시도해보는 모습들이 너무 좋았다. 내가 가지기 힘든 능력 부분이었다. 역시 젊은 쇼호스트들의 아이디어는 참신했다.

라이브방송은 '다시 보기'가 가능하고 국내 해외 홍보자료에 첨부할 제품의 상세자료, 교육자료로 활용하기에 최적화된 채널이었다. 나 역시 가끔 '다시 보기'로 지난 방송을 보다 보면 그 시간의 생생한 현장감이 전율처럼 느껴지기도 했다.

내가 라이브를 시작한 계기는 '뷰티 전문가'로 출연해서 소비자들에게 정확한 '뷰티 상식' 및 '제품 소개 활용법'을 소개하는 시간을 선보이고 싶은 마음에서였다.

첫 라이브방송 시간을 회상해본다. 핸드폰 속 이른바 카메라발

출처 : 저자 제공

을 잘 받기 위해 아침 일찍 거래처 에스테틱 숍에 가서 윤곽관리
를 받고, '수분폭탄' 스킨케어 관리 후 미용실에서 헤어, 메이크업
을 받았다.

실수하면 안 된다는 생각에 차 안에서 수십 번씩 발음 연습을
했다. 녹화해서 편집하는 유튜브 촬영 때와 달리 라이브방송은 실
시간이라서 계속 떨리고 긴장되었다.

식사 시간대를 놓쳐 김밥 몇 개를 대충 먹으면서 따뜻한 티 한
잔을 마셨다. 그러고는 라이브방송 시간을 초조하게 기다렸다. 나
의 출연 목적은 쇼핑호스트가 진행하고 라이브방송 때 판매하는
제품에 대한 궁금한 사항이나 질문을 받았을 때, 소비자 입장에서
쉽게 이해시키고, 정보를 전달하는 것이 목적이었기에 뷰티 라이

브나 유튜브 영상들을 보고 들으며 어떻게 차별화할지 연구하기도 했다.

스튜디오 안에서는 라이브방송을 준비하는 사람과 방송 진행을 하는 사람 모두 긴장하고 있었다. 라이브방송 30분 전, 화장실을 몇 번씩 들락날락할 때도 있었고 물을 꿀꺽꿀꺽 들이킬 때도 있었다. 긴장의 연속이었다. 뷰티 전문가로 뷰티 정보와 제품 정보를 정확하게 전하면서 판매에 힘쓴다는 취지였다.

핸드폰 카메라를 하나 켜고 편하게 시작한다는 이론은 막상 닥치니 실감이 나지 않았고 횟수가 거듭될수록 라이브방송은 생각보다 만만치 않다는 것을 느꼈다.

1시간 20분 방송 중 내 마스크팩 방송내용을 알리는 시간은 30분 채 안 되는 아주 짧은 시간이었다. 능숙하게 진행하는 쇼호스트 덕분에 다행히 실수 없이 차분한 목소리 톤으로 내 제품을 어필해가며 잘 마칠 수 있었다. 라이브 방송 중간 준비 수량 품절사태는 방송 내 분위기를 은근 흥분의 도가니로 만들었다.

그 후로 30회 이상 출연한 〈그랜파피〉 채널에 문제가 생겨 채널이 폐쇄되었다. 라이브방송을 진행하면서 나는 어느 순간 라이브방송 채널에 욕심을 가지게 되었다. 습득력 좋은 나는 내가 운영하는 뷰티 전문채널을 직접 만들어보기로 결정했다.

내가 처음 출연했던 〈그랜파피〉 채널은 애견용품을 판매하는 채널이자 대행 업무를 같이하는 회사였다. 6개월 정도 같이 일하다 보니 자연스레 그 회사의 장단점을 잘 살펴보게 되었다. 나중에는 나와 방송 관련 의견이 맞지 않은 부분들이 생기기도 했다. 그래서 나의 채널을 만들어 직접 부딪쳐보고 실행하기 시작했다.

라이브방송을 통해 실시간으로 상품을 알리고 판매하는 라이브커머스 에스테틱 상품으로 진행한 1년 이상의 경험을 공유하겠다.

"요즘 대세라는 라이브방송을 하는 것이 맞나요?"

최근 필자가 가장 많이 듣는 질문이다.

아침에 눈을 떠서 저녁 취침 전까지 손에 쥐고 다니는 필수품인 핸드폰. 우리는 스마트폰 하나로 SNS 마케팅과 스마트스토어(온라인 상점) 여기에 1인 미디어 라이브커머스까지 가능한 시대에 살고 있다. 코로나19부터 나 역시 일상 모든 스케치를 핸드폰 하나로 하는 '인디펜던트 워커의 삶'을 지향하게 되었다.

누구나 한번쯤은 라이브커머스라는 단어를 들어보고 시청해본 경험이 있을 것이다. 물론 "라이브가 뭐예요?" 하는 사람도 있을 수 있다.

에스테틱 업계에서는 식품, 화장품, 도구, 소품, 장비, 상품권 등의 상품을 취급한다. 이러한 상품을 온·오프라인으로 판매하는 사업주라면 반드시 관심을 가져야 하는 분야가 바로 라이브커머스다. 라이브커머스를 어떻게 하는지, 왜 해야 하는지에 대해서 알아보자.

> \# 라이브커머스 : 라이브로 상거래를 촉진하는 것으로, 라이브방송을 하며 실시간 상품을 파는 '라이브방송'과 'E-커머스'를 합친 말이다.

뷰티 라이브셀러, 〈라이브커머스 원데이 클래스〉

라이브방송 시 필요한 물리적 요소

라이브방송 방법은 거창한 것은 아니지만, 진행하다 보면 잘하고 싶은 욕심들이 생긴다. 의욕을 가지고 시도하려는 초보자라면 이것부터 준비하고 시작해보자.

1. 스마트폰

라이브 전용 애플리케이션(그립, 쿠팡, 네이버 쇼핑라이브 등)을 설치해놓고 시작해야 하므로 꼭 필요한 준비물 중 하나다.

출처 : 저자 작성

2. 조명

자연채광이 잘 들어오는 곳이라면 굳이 조명이 없어도 되겠지만, '뷰티'라는 아이템은 피부 표현 효과와 제품 우수성 어필, 제품 사용 후 비포, 애프터 연출 표현이 중요하기 때문에 뷰티 조명 2개 정도 가지고 방송하면 편리하다.

출처 : 저자 작성

라이브스튜디오 비욘VYON을 운영하는 나는 뷰티 아이템 이외에 패션, 생활용품, 여행 패키지 다양한 방송으로 인해 어쩌다 보니 4개의 조명을 사용하고 있다. 쇼호스트의 얼굴, 손동작, 제품의 텍스처 등을 잘 표현하고 어필하기 위해 조명은 매우 중요하다. 하늘이 흐린 날, 비 내리는 날 또는 저녁, 밤 방송, 새벽 방송이라면 더욱 조명의 중요성을 실감할 수 있을 것이다.

3. 마이크

라이브방송에서 말하기(스피치)는 전달력이 중요하다. 판매하고자 하는 제품의 소구점 3가지 정도를 찾아 방송되는 동안 집중해서 잘 설명해야 한다. 그래야 소비자들은 그 제품에 관심을 두고 구매까지 연결하게 된다. 스튜디오는 밀접한 공간에서 진행하다 보니 마이크 사용하지 않으면 라이브방송 시 울림이나 주변 소음, 잡음으로 쇼호스트의 전달력이 저하될 수 있다. 렌탈스튜디오를 대여해서 방송할 때도 마이크의 중요성은 명백했다.

4. 배경

판매할 아이템에 따라 라이브방송도 촬영지에 변화가 필요하다. 배경(크로마키, 스크린롤)도 바꿔가면서 다양하게 연출하는 것이 좋다. 라이브스튜디오 비욘VYON의 예를 들면 여심 저격 핑크색 배경과 편안한 분위기의 그린색, 그리고 격자 모양의 인테리어가 돋보이는 화이트톤 등 3가지를 준비해서 상황에 맞게 촬영하고 있다. 매번 출연하는 쇼호스트들 역시 의상, 헤어스타일, 메이크업에 변화를 주듯 다양성을 고려한다면 훨씬 퀄리티 높은 방송이 될 것이다.

출처 : 저자 작성

이 정도 준비가 되었다면 본격적인 라이브방송 진행 순서를 알아보자.

LIVE ON - 라이브방송 진행 순서

1. 라이브방송 시 판매할 아이템(제품)

판매할 아이템(제품)은 라이브방송에서 아주 중요하다. 방송할 때 상품을 가지고 하는 경우와 그렇지 않은 경우가 있다. 라이브방송은 자주 스마트폰 애플리케이션을 켜서 실천하는 것이 중요하다. 방송을 진행할 업체와 사전 미팅을 통해 판매할 제품들을 미리 정하고, 방송 날짜를 일정표에 체크해간다.

아주 중요하기 때문에 다시 한번 강조하면, 판매할 아이템(제품)이 준비되어야 한다. 또 라이브방송 시 가격, 프로모션, 소비자들에게 알릴 접근성, 다양성, 일관성 있는 제품들을 선택하는 부분이 중요하다.

온라인과 오프라인 유통을 함께 하는 나의 입장에서는 라이브방송 시 판매할 뷰티 아이템들이 다양했다. 꾸준히 하다 보니 뷰티 아이템뿐만 아니라 다른 업종의 업체 문의도 다양해졌다.

제품의 정상가격(소비자가격)에서 방송시간 판매가격(라이브방송 특가)을 업체와 함께 상의하고 방송수수료를 정한 뒤 방송할 제품을 도매(공급가격)로 받는다.

공급가격에 택배비, 인건비, 홍보비, 진행비 등의 수수료 마진율을 넣어 라이브방송 특가를 정해야 하므로 업체는 이 부분들을 꼼꼼히 체크해야 한다.

간혹 라이브방송 대행료나 수수료로 주는 돈을 아까워하며 공급가격을 터무니없이 제안하고 방송해달라는 업체들이 있다. 그러면 방송 진행을 안 하는 것이 맞다. 마지못해 진행해보면, 역시나 방송 결과가 좋지 않았기 때문이다.

라이브스튜디오 비욘VYON도 이러한 곤란한 상황들이 많아져 1회 방송 대행비를 측정해 업체 미팅 시 공지했더니 우리 스튜디오의 경영방침을 더 믿고 기뻐해주셨다.

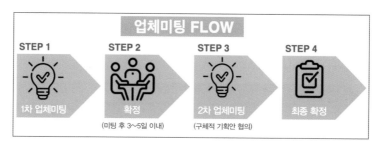

출처 : 저자 작성

2. 라이브방송 시간

라이브방송 본 방송 시간(몇 월, 며칠, 몇 시, 몇 시간 방송할지)을 업체와 정하고, 라이브방송 예고 페이지를 만든다(단, 라이브 예고 페이지 사진에는 텍스트가 들어가면 노출이 안 된다. 필수 주의사항이다). 예고 페이지는 깔끔한 섬네일 사진을 만들어 홍보하는 것이 가장 효과가 좋았다. 이때는 판매 제품에 관한 이미지 사진, 온라인 상세페이지가 필요하고 방송할 채널 스토어에 직접 업로드해야 한다.

3. 라이브방송 홍보

라이브방송 예고 홍보용 이미지를 만들고, 링크가 만들어지면 SNS(인스타그램, 카카오스토리, 페이스북, 블로그 등)에 방송할 제품, 홍보 동영상, 판매할 제품의 설명 등을 적극적으로 어필한다.

4. 타임라인

타임라인(방송 진행 순서)를 정한 뒤 함께 방송할 쇼호스트나 게스트를 섭외하고 리허설 준비를 한다. 실전에 가깝게 오프닝 멘트나 제품 성분, 효능, 시연, 라이브방송 특가, 이벤트 등 중요사항 등을 반복 연습한다. 제품구성, 제품소개, 상품판매의 소구점 3가지 정도를 정해 방송 중 반복해서 어필한다.

5. 방송 중의 혜택

라이브방송 특가, 타임세일, 홍보 링크 공유이벤트, 소통왕 등 방송 중 혜택을 준비한다. 방송에 참여도를 높이고 팬심을 얻기 위한 마케팅 방법이기도 하다. 뷰티 방송을 주관하는 나의 입장에서는 퀄리티 높은 제품을 소비자에게 먼저 사용해보라는 의미에서도 이벤트 사은품을 준비한다. 참여도를 높이기 위해 될 수 있는 한 정품 증정을 원칙으로 고수하고 있다. 댓글 창 반응, 입장 고객 수를 고려해 이벤트 시점을 선정한다. 댓글이 휑하거나 하트가 없으면 진행하는 쇼호스트로서 힘이 빠지거나 주눅이 들게 되는 경우가 있다. 함께 공감해주고 소통하는 것만으로도 즐거운 시간이 될 수 있다.

4월 29일 (목) 15시 타임라인		
방송시간	내용	소요시간(분)
15:00 ~ 15:01	인사, 댓글소통 및 일상대화(오프닝)	1
15:02 ~ 15:06	브랜드 및 제품소개, 가격조건, 이벤트안내	5
15:07 ~ 15:10	제품 상세 소개(판넬활용)	4
15:11 ~ 15:15	스토리텔링 및 제품 사용기 등 영상재생	5
15:16 ~ 15:21	시연(개봉 및 패 부착, 손등 시연 등)	6
15:22 ~ 15:24	댓글소통	3
15:25 ~ 15:28	이벤트 진행(퀴즈 당첨자 추첨)	4
15:29 ~ 15:30	제품구성 & 혜택 & 알림설정 홍보	2
15:31 ~ 15:34	브랜드 및 제품소개	4
15:35 ~ 15:39	제품 상세 설명(판넬활용)	5
15:40 ~ 15:45	시연(개봉 및 팩 부착, 손등 시연 등)	6
15:46 ~ 15:50	혜택(가격 혜택 강조 / 1 + 1 강조)	5
15:51 ~ 15:55	댓글 소통 및 이벤트 진행(소통왕 선정)	5
15:56 ~ 16:00	클로징(다음 방송 예고, 홍보, 인사)	5
		60

타임라인 작성 예시(출처 : 저자 작성)

라이브 제목 정하기! LIVE!!						
방송 개요						
제목	❤ 벚꽃시즌 봄냄새 폴폴 비온에서 준비하기 ! ❤		일시/장소	김포 비온 스튜디오		
필요 소품	배송비 무료, 이벤트 피켓		필요 의상	블라우스, 스커트, 원피스, 가디건 등		
방송 프로모션						
	상품명	정상가	라이브가	할인율	개 당 가격	1인분 당 g
SKU 정보	스킨	54,000	36,900	31.7%		
	에센스	54,000	36,900	31.7%		
	클렌징워터	54,000	36,900	31.7%		
	앰플	54,000	36,900	31.7%		
프로모션	세트 구매시 10% 추가할인, 배송비 무료					
이벤트	소통왕 3명 에셀로 썬크림 본품 무료 증정					

출처 : 저자 작성

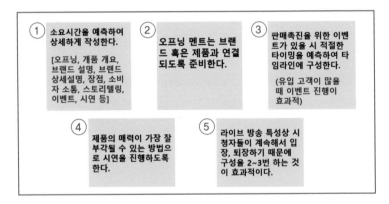

라이브방송 타임라인 작성 요령(출처 : 저자 작성)

6. 방송 시작 전 예고

방송 1시간 전 또는 30분 전, SNS 팔로워들에게 라이브방송 시작예고를 알린다(인스타그램 라이브, 페이스북 라이브를 통해). 예고 편을 5분(본 방송을 5분으로 압축한 느낌) 정도로 너무 길지 않게 홍보한다. 공감 멘트, 스토리텔링, 뷰티 방송은 단어 선택이 분위기를 바꾼다. 제품 시연 시 쇼호스트의 핸들링 각도, 텍스처 표현 속도 조절 등이 중요하다.

7. 스크립트 짜기

방송 진행 내용, 이벤트 타이밍 등 진행 상황을 구체적으로 시간, 분으로 나누어 체크한다. 진행상 놓치기 쉬운 부분이 있을 수 있으므로 잘 체크해본다.

큐시트					
내용	시간 (분)	상세	판넬	시연	비고
첫 인사	2" (10:32)	(자기 소개) 안녕하세요 ? 뷰티채널 비욘입니다. 어서오세요		-	
인트로	5" (10:37)	(니즈 소구, 스토리텔링, 컨셉이 드러나는 부분)		-	
가격/프로모션 소개	5" (10:42)	(금일 판매할 제품, 가격, 프로모션)	- 가격 판넬		
제품 소개	7" (10:47)	(각 제품의 특징, 소구포인트 정리)			
제품 시연	20" (11:07)	직접 손등 시연			
가격/프로모션 소개 (반복)	5" (11:12)			-	
제품 소개 (반복)	7" (10:19)	(각 제품의 특징, 소구포인트 정리)			
가격/프로모션 소개 (반복)	5" (11:24)			-	
마무리 인사 (차주 방송 예고)	1" (11:25)				
* 중요도 높은 상품 순서대로 설명 시간을 차등 배분					

출처 : 저자 작성

인사말 : 안녕하세요? 뷰티 전문채널 비욘VYON입니다. 어서

들어오세요. 저는 뷰티 라이브셀러 이수진입니다.

판매제품 소개 멘트 : 여러분! 마스크 속 피부 답답하셨죠? 건조해진 실내 공기로 피부 속 갈증 느껴지시죠? 오늘 라이브 시간 소개해 드릴 제품은 바짝바짝 마르는 피부를 방금 스파 다녀오신 듯 촉촉하고 부드럽게 피부 영양이 가득하게 관리해드릴 페이스모아 락토허니미스트를 소개합니다.

가격 구성 이벤트 : 오늘 방송, 소비자가격 22,000원인 미스트를 라이브방송 특가 17,600원으로 방송 중에만 판매합니다 (보통 라이브방송 특가는 공구가격 기준으로 방송가격을 맞춘다). 라이브방송 특가 놓치지 마시고 구매 인증 고객님께는 페이스모아 시트마스크 팩 1장(3,000원 상당)을 추가 증정해드리니, 이 시간을 절대 놓치지 마세요.

출처 : 저자 제공

제품 특성 : 페이스모아 락토허니미스트는 정제수 베이스가 아닌 꿀추출물이 80% 함유되었어요. 유산균 3종 함유로 피부 장벽을 건강하게 5종 히아루론산이 촉촉하게 보습을 잡아줍니다. 안개분사형 용기라 분사가 사용하고자 하는 부위에 골고루 되고요. 미스트 용량 80ml라 휴대하기 편하고 건조할 때 수시로 뿌려주시면 더 좋아요. 트러블 예민 피부에도 자극 없이 안전하게 사용해도 되어서 남녀노소 누구에게든 추천합니다. 매끈매끈한 20대 피부처럼 탄탄하게 가꾸고 싶은 분. 피부 장벽이 무너지고 유수분 밸런스가 깨진 분들, 더위에 지친 피부 모두 다 함께 집중해주세요. 지금부터 라이브 특가 방송 시작하겠습니다.

댓글 소통 : 미소천사님. 저희 라이브방송 기다리셨다고요? 망설이지 마시고 라이브방송 혜택을 누려보시길 바랍니다.

진행에 필요한 요소 점검 : 어머, 발리님 벌써 구매하셨다고요? 잘하셨네요. 최저가 구성 방송인 만큼 후회 안 하실 거예요. 구매 인증 남겨주시면 더 감사할 거 같아요.

8. 채팅 관리자 등록

채팅 관리자 등록을 한다. 판매 채널에서 소비자들의 궁금 사항에 대한 답변 준비할 채팅 창을 미리 준비한다. 고객님들의 궁금증에 대한 빠른 대응이 매출 향상에 도움이 되기도 하기 때문이다. 우리 회사는 직원이 퇴근한 후에도 채팅 관리를 해야 하므로 남편이 주로 답변해준다. 10년가량 옆에서 사업하는 것을 돕다 보니 이제는 거의 전문가 수준으로 답변을 달아준다. 간혹, 너무 친절하다며 스토어 댓글에 남편을 응원하는 글도 달린다.

9. 방송상품 소개

방송되는 상품을 소개할 때는 성분이나 제품 셀링포인트, 가격 혜택 등 패널을 이용해 무료배송, 최저가 등 강조하고 싶은 부분을 시청자가 보는 관점에서 잘 인지될 수 있도록 2~3번 정도 강조한다. 하이라이트 부분 뽑아낼 때 도움이 되기 때문이다.

10. 라이브 온 에어 데이터

방송 중 신규 유입, 동시 접속, 결제, 상품 조회, 이벤트 당첨자까지 수집되는 데이터를 분석하고 메모한다. 1시간에서 1시간 30분 정도 라이브방송을 마치고 다시 보기로 부족한 부분, 실수했던 부분의 피드를 다시 점검한다.

처음에는 1시간의 방송이 이렇게까지 디테일하게 진행되는지 몰랐다. 그리고 준비할 것도 너무 많았다. 지금까지 300회 이상의 라이브방송을 하고 보니 진행 순서는 자연스럽게 익숙해졌다. 라이브방송은 판매자와 소비자를 직접 소통하며 판매 연결을 해주는 채널이므로 쇼호스트의 진행에 맞춰 소비자가 함께 호응하고 쌍방향 소통을 하는 것이 홈쇼핑과 가장 큰 차이점인 듯하다.

제품에 대한 문의 사항을 방송 실시간 질문할 수 있어서 전문적인 지식 외 제품개발 스토리, 판매 유통 채널 등을 소개하면서 믿고 구매할 수 있는 신뢰를 얻을 수 있다. 2시간 이내면 누구나 할 수 있는 방송이라 시간 제약이 적은 편이다.

그리고 내가 오프라인에서 대면하지 않고도 온라인마켓에서 나의 상품을 모르는 고객들에게 널리 알릴 수 있고 온라인 사이트도 확장할 수 있다. 1인 방송을 할 때는 PD. MD 쇼호스트의 역할을 하는 셀러는 멀티 플레이어가 되어야 한다.

뷰티 라이프 솔루션을 판다

LIVE OFF - 라이브방송이 끝난 후

1. 주문서 확인

라이브방송이 끝나면 주문서를 확인한다. 방송 당일 구매한 고객님, 이벤트 당첨자 등을 체크해 최대 3일 이내 고객들에게 안전하게 발송시킨다.

우리 회사 위브씨앤씨는 에스테틱 업계 '쿠팡'이라는 소리를 들을 정도로 빠른 배송으로 유명하다. 배송에서 온라인 고객님들에게 신뢰를 얻고 있기 때문에 방송 전 판매할 제품을 미리 확보해 놓고 주문 접수를 받는다. 고객님들의 구매 확정이 끝나면 바로 발송을 하는 편이다. 20대에서 40대가 주 고객층인 우리 채널의 가장 큰 장점이기도 하다.

2. 배송비 책정

택배 1건당 배송비 인건비, 재고 관리 시스템비용이 포함되므로 배송비 책정을 잘해야 하는데 우리 회사는 매일 오프라인 유통을 겸하기 때문에 라이브방송 특가와 무료배송(4,000원 상당)을 모든 구매고객에게 서비스하고 있다. 무료배송의 혜택이 강조되어 뷰티 마니아들이 좋아하는 부분이기도 하다.

3. 후기 작성

배송받은 고객들이 자발적으로 상품에 대한 후기를 작성할 수 있도록 CS체크를 꼼꼼하게 점검하는 것이 중요하다. 온라인 제품 구매는 리뷰를 바탕으로 구매력이 더 생기기 때문에 리뷰는 사랑이다. 사실상 재구매 고객이 많은 우리 사이트의 경우는 40대 이상 고객분들이 많아 리뷰 작성을 귀찮게 여긴다. 그래서 재구매 시는 리뷰를 거의 작성하지 않은 편이다.

4. 정산

네이버 스마트스토어는 빠른 정산이 가능하므로 제품구매 시 편리한 시스템이다. 고객이 구매확정 후 3일 이내 입금되므로 정산받은 금액은 통장에 잘 두었다가 제품대금이나 기타 방송 업무 시 필요한 준비물들을 구매할 때 사용하자. 이 모든 일이 스마트폰으로만 가능한 시스템이다.

라이브방송은 판매하고자 하는 제품을 고객들에게 홍보하고 체험해보시라는 의미에서 '라이브방송 특가'라는 할인이벤트로 소개한다. 사실 방송의 메리트는 구매하고 싶은 제품을 방송가로 싸게 최저가 최고의 혜택으로 구매한다는 장점이 있는 것이다.

우연히 방송을 보다 2~3일 전 구매했는데 할인을 한다며 받은 제품들을 주문을 취소하고 다시 구매한다는 고객들을 만나게 된다. 솔직히 당황스럽다. 하지만 회사의 규칙과 원칙이 있듯이 순간의 손해를 보더라도 소비자와의 약속은 지켜나가는 것이 맞는 것 같다.

내가 경험한 라이브채널별 장단점 비교하기

출처 : 저자 작성

1. 그립(Grip)

국내 최초 라이브커머스 애플리케이션이다. 주로 20대 후반에서 40대 정도가 주 타깃이다. 보통 쇼핑을 하다가 잠시 머무르며 시청하는 분들이 많기에 유입 수가 타 채널에 비해 많은 편은 아니다. 하지만 등급 제한조건이 없고 진입장벽이 낮아 편안하게 자주 방송을 하고픈 초보 셀러들에게 추천한다.

매일 시간대를 정해놓고 방송하는 셀러들이 인기 채널이 되고 잘 판매되는 것 같다. 그립에서는 주로 늦은 시간인 저녁 9시 이후 방송을 했다. 우리 회사 뷰티 방송채널(그립 : 페이스모아 채널)에는 30대 중반부터 50대 이상, 그리고 오프라인 거래처 원장님들이 주로 들어오셨다. 셀럽이 그립퍼가 될 가능성이 많다. 그립퍼는 일종의 쇼호스트로서 활동을 시작하는 기회로 좋다. 시청자의 참여율을 높이기 위해서는 방송 이벤트, 소통, 댓글, 좋아요를 적극적으로 독려하며 진행하다 보면 참여율이 높아진다. 그립에서는 자체 하이라이트 편집 기능이 있어 방송 후 다시 보기나 자료 송출에 아주 유용하다. 댓글 참여 유도 팔로워가 많을수록 좋다 (팔로워 이벤트 필수). 그러나 방송수수료가 12% 이상이고, 정산이 네이버에 비해 오래 걸리는 단점이 있기도 하다.

2. 네이버 쇼핑라이브

내가 네이버 쇼핑라이브를 선택한 이유는 검색창에 키워드를 검색했을 때 가장 많이 이용하는 채널이었기 때문이다. 게다가 수수료가 4~6%대로 낮은 편이며, 시청자 뷰(View)가 많아서 화장품이라는 아이템을 홍보하기에 좋았다. 거기다가 네이버 스마트스토어를 활성화시키고 싶었기에 네이버 라이브방송은 우리 회사에 안성맞춤이었다.

네이버 쇼핑라이브의 장점은 자체방송이 가능하고, 안정적이며, 고화질 카메라와 브랜딩이 수월하다는 것이다. 초반 오프닝 섬네일이 자동생성(90초)되므로, 우리 업체만의 특이점을 미리 만들어놓으면 좋다. 브랜드 퀄리티를 높이고 브랜딩한다는 마음으로 차근히 홍보하길 바란다.

매출 순위로 상위 노출이 더 잘 된다. 업체에서는 이렇게 노출을 높이기 위해 가짜 매출을 만드는 업체도 있다. 그런데 네이버는 가짜 매출을 잘 체크한다. 이른바 잔머리 꼼수 가짜 매출 올리려다 방송을 문닫는 회사도 가까이서 보게 되었다. 소비자들이 더 똑똑한 세상, 속임수 쓰지 말고 정직하게 차곡차곡 성장해나가자.

네이버 쇼핑라이브를 위해서는 네이버 스마트스토어 등급이 새싹 이상의 조건이 되어야 한다. 온라인 스토어인 네이버 스마트스토어를 만들어 라이브방송을 위한 방송조건부터 갖춰보자.

3. 쿠팡, 카카오톡 라이브 외 홈쇼핑라이브
사실 가장 늦게 시작한 채널이기도 했지만, 다시 보기의 뷰가 이렇게 많을 것이라고는 예상을 못했다. 잭슨쇼핑과는 우연히 미팅 자리서 잭슨쇼핑 대표님으로부터 제안을 받아서 시작되었다. 현재 잭슨채널은 뷰티, 액세서리, 패션을 안 하고 있으니 내가 독점으로 맡아서 들어오시는 것이 어떠냐는 제안이었다.

내게는 너무 좋은 제안이었고 뷰티 쇼호스트들을 뽑아서 성장시키기에도 금상첨화였다. 오직 뷰티라는 카테고리에만 관심이 있기에 내게는 흥미진진한 제안이었다. 수수료가 기존 채널보다 높지만, 대중들에게 나의 상품을 다가가게 하기에는 좋은 선택이었다. 뷰티전문가인 내가 방송을 통해 올바른 뷰티 정보 사용방법을 전해주고 고객님들이 믿고 구매하게끔 돌봐줄 수 있는 방송 그 자체로 독보적인 내용이었다. 앞으로도 기회가 주어진다면 꾸준히 성장해나가고 싶은 마음이다.

 # 라이브커머스 3대 비즈니스 모델

1. C2C(Consumer to Consumer) : 개별 크리에이터가 팔로워의 '좋아요(Like)'를 기반으로 수요 확보 후 제조 전문 ODM에 맡겨 제품을 생산, 전문 물류 업체를 활용해 유통하는 모델
2. D2C (Direct TO Consumer) : 제조업체가 직접 소비자의 선호(like)를 예측하기 위해 데이터를 확보한 후 유통 마진을 줄일 수 있는 자사몰을 개설, 자사몰로 실시간으로 고객 행동 데이터를 수집해 신제품을 개발하거나 개인화 마케팅을 진행하는 모델
3. H2H(Human to Human) : 크라우드펀딩처럼 수요가 발생하면 상품을 제작하는 온디맨드형으로 하나의 소비자 선호 카테고리에 집중한 차별화된 상품개발, 제품개발 단계에서

뷰티 라이프 솔루션을 판다

다양한 소비자들의 '좋아요'를 직접 수집 후 론칭 시점에서부터 충성 고객을 확보하는 형태(예 : 와디즈, 오늘의집)

출처 : 《트렌드 코리아 2023》, 김난도 외 저

PART 04

라이브커머스는
SNS 마케팅이
기본이지요

———

라이브커머스에 필수, 마케팅 단계

300회 이상 라이브방송을 진행하는 모습을 보면서 나에게 라이브방송을 해달라는 문의가 오기 시작했다. 라이브 제품 소싱 때문에 고민하는 몇몇 셀러나 대행사들을 보면서 판매할 제품이 없어 라이브방송의 곤란함을 느끼는 상황을 많이 접하게 되었다.

내가 가진 또 하나의 장점은 10년 이상 영업으로 다양한 브랜드의 에스테틱 화장품들을 소싱할 수 있는 장점이 있다. 그러다 보니 알려진 유명 브랜드보다 신규 브랜드로 독점판매를 가져오는 경우가 많아 라이브방송이나 뷰티 공동구매에 특성화된 제품들을 판매하기 시작했다.

우리 회사가 거래하고 있는 에스테틱 숍들은 이제 막 오픈한 신규 숍 원장님부터 20, 30년 이상의 화려한 경력들을 자부하는 에스테티션들까지 연령층이 다양하다.

그들 중엔 코로나19로 더 잘 되어서 웃는 분, 아파서 체력의 한계를 느끼는 분, 직원들의 잦은 퇴사로 안정된 경영이 어려운 분, 너무 힘들어 폐업하는 분 등 자신들의 위치에서 최선을 다하고 있지만, 각자 처한 상황들은 달라 여러 고충으로 힘들어한다는 이야기를 들을 수 있었다.

에스테틱 숍 원장님들을 대상으로 뷰티 SNS 교육을 진행하다 바로 여기서부터 느낀 바가 있었다. 이분들이 영업시간 외에 판매할 수 있는 플랫폼을 제대로 만들어보고 싶어 했다.

거창한 것이 아니라 이른바 파이프라인을 확장하는 일에 정확한 도움을 주고 싶었다. 처음에는 라이브 원데이 클래스를 할 생각이 없었다. 화장품 회사 운영하기에도 나의 업무는 버거웠기 때문이다. 그런데 모 뷰티 인플루언서가 1,000만 원이 넘는 고가의 수강료를 받아가며 라이브커머스에 대해 교육을 한다기에 거래처 원장님 중 한 분이 내게 문의를 하셨다.

그녀만의 노하우가 나름 있었겠지만, 내가 하는 라이브방송이나 그녀가 하는 라이브방송은 별반 다를 것이 없었기에 나는 거래처 원장님들께 내가 실행하고 경험한 우리 업계에 맞는 라이브방송 실전 노하우를 가르쳐드리고 싶었다.

그래서 원데이 클래스를 만들고 정의감에 합리적인 가격으로 라이브방송에 대해 가르쳐드리기 시작했다. 고가의 수강료를 받은 그녀의 채널과 활약은 어느 순간 멈춰 사라지고 없어졌다.

일단 라이브방송을 하기 위해서는 4가지 마케팅 단계가 필요했다. 그래서 나는 그 4단계 과정들을 원데이 클래스 강의에서 소개해주고 싶었다.

퍼스널 브랜딩 〉SNS 마케팅 〉온라인 숍(스마트스토어 또는 자사몰) 그리고 이 세 부분을 잘 어필하기 위한 채널 중 하나가 바로 라이브커머스라는 것을 강조하고 싶었다.

그렇다. 라이브커머스는 거창한 것이 아니라 지금까지 우리가 준비해온 온라인 마케팅의 판매 채널 중 하나인 것이다. 그러면 이 4단계에 대해 자세히 들여다보자.

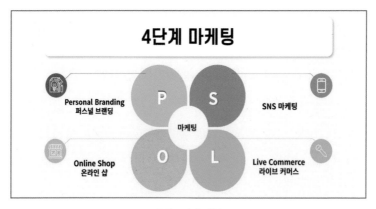

출처 : 저자 작성

퍼스널 브랜딩

2014년부터 하루도 빠짐없이 SNS 기록을 하다 보니 나의 이야기를 매일 기록하게 되고 내가 진행하고 있는 업무도 자연스레 홍보하게 되었다. 간혹 SNS에서 꾸준하게 지켜보다 실친(실제 오프라인 만남으로 친분을 쌓음)으로 만나는 고객님들, 대표님들이 계신다.

그래서일까? 그들은 나에 대한 이미지, 일의 열정, 화장품을 유통하는 사람, 라이브커머스 하는 사람으로 제대로 인식하고 있었다. 처음에 셀카를 올렸을 때는 무슨 자신감이냐고 뒤에서 욕도 많이 한 듯하다. 지금도 주 1~2회 이상 셀카를 올리는 나에게 이제는 칭찬의 소리가 들려오기도 한다. 남을 의식하고 피드에 포스팅했으면 아마도 지금처럼 꾸준히 하기 힘들었을 것이다.

나는 SNS를 '내 일상의 기록장'으로 활용했기에 꾸준한 루틴을 유지할 수 있지 않았나 싶다. 내가 무슨 일을 하는 사람이고, 어떠한 목표로 비즈니스를 하는 사람인지 자연스럽게 인식시키는 것만으로도 퍼스널 브랜딩은 이미 되어 있는 것이라고 생각한다.

"저는 저를 드러내는 것을 싫어해요."
"관심받고 싶은 것으로 보이기 싫어요."

이렇게 이야기하며 SNS를 꺼리기도 하지만, 본인들이 남들에게 긍정적으로 인정을 받는다면 SNS를 일상으로 더 활용하는 분들이 많아질 것이다. 지금의 시대는 학연, 경력을 어필하는 서류보다 동영상 한 편으로 자신을 소개하는 시대가 되었다.

SNS 마케팅 효과

《뷰라판》에 소개된 내용처럼 FBI 마케팅(페이스북 마케팅, 블로그 마케팅, 인스타그램 마케팅, 카카오스토리 마케팅)정도만 꾸준히 관리해도 퍼스널 브랜딩 외 제품 판매에 영향력이 생긴다. 나는 이 내용을 오프라인 강의에서도 꾸준히 강조했다.

하루도 빠짐없이 꾸준히 실천하고 있는 나의 비즈니스에 나타나는 결과물이기도 했다. 여러 사례를 통해 SNS 마케팅의 사례를 함께 찾아보자.

페이스북 인연

뷰티 크리에이터의 인연으로 제주 샴푸 소싱까지

"대표님 잘 계시죠? 저 4년 전 제주에서 뵈었던 송 대표예요."
"어머, 대표님. 오랜만이네요. 잘 지내셨죠?"
"시간 되시면 제주에 한번 내려오세요."

4년 전 함께 뵈었던 대표님이 한 분을 소개해주신다고 연락이 왔다. 두피 제품들을 취급 판매하는 '예가비'라는 브랜드로 어디서 들어본 듯 낯익었다. 알고보니 2021년 제1회 인플루언서대회에 페이스모아 제품과 함께 협찬했던 회사였다.

예가비 대표님과 통화를 해보니 두피 프로그램을 받아봐야 더 정확하게 브랜드 콘셉트를 잡을 것 같아 주말을 이용해 스케줄을 잡고 제주행 비행기 티켓을 예매했다. 나 역시 업무 겸 여행이라 생각하고 가벼운 마음으로 혼자 여행을 즐기러 떠났다.

다행히 나의 출장 일정을 들은 속초 거래처 원장님이 본인도 동행하고 싶다고 연락이 왔다. 우리는 제주에서 합류하기로 했고, 2박 3일의 일정을 알차게 보낼 수 있었다.

첫날은 숙소 가기 전 제주 해산물 먹방, 카페 투어, 호텔 뷔페 이용까지 알차게 배불리 먹으며 드라이브하고 즐기는 시간으로 보냈다. 바다를 좋아하는 내게 제주도 바다를 바라보는 기쁨은 표현할 수 없을 정도로 행복했다. 일만 하고 달렸던 시간에 대한 보상이라고 생각될 만큼 정말 감사했다.

우리 일행은 둘째 날 아침 식사 후 바로 예가비 화장품 본사를 방문했다. 제주분들이라 우리에게 내어준 신령버섯차를 스토리로 풀어 제품 개발 동기, 제품 후기, 해외 마케팅 사례 등을 내게 설명해주셨다. 우리는 관리프로그램, 주요성분 효능. 효과에 대한 교육을 들으며 두피 관리프로그램을 직접 시연하는 미팅을 가졌다.

얼굴 피부케어 단계에 필링 〉 진정 〉 재생 관리를 하듯이 두피에도 비슷한 관리 순서로 제품만을 다르게 사용 시연하는 방법이었다. 20년 이상 경력자들인 만큼 우리는 프로그램을 받으면서 제품 특징을 빨리 파악할 수 있었다. 나는 관리 순서 마지막 단계인 비바리모 샴푸에 반해 서울로 돌아가 탈모방지용 샴푸부터 판매해보기로 했다.

회사 이메일로 제품 공급가격을 받고, 유통가격을 정해 온라인 상세페이지를 등록했다. 나의 거래처에 공문으로 신상품 입점을 알리면서 거래처가, 소비자가를 공지했다.

1,000ml 샴푸가 4개가 하나의 작은 상자에 들어 있어서, 다량 구매에 대한 부담이 없이 체험용으로 사용해보게끔 거래처에 권했다.

다행히도 두피 클리닉을 평소에 즐기고 헤어 숍에 자주 다녔던 나의 경험이 도움이 되었는지 예상했던 것보다 거래처에서의 샴푸 반응은 좋았다. 이 제품을 개발하게 된 스토리가 제품력을 더 빛나게 해서 거래처에서도 인정하는 분위기였다.

나의 거래처 원장님 중 한 분이 이 제품을 5월 가정의 날 행사 상품으로 본인의 숍에서 이벤트를 할 예정이라면서 나에게 이런 말을 전했다.

"대표님은 유명하고 알려진 제품보다 잘 알려지진 않았지만, 퀄리티 좋은 제품들을 선택해서 판매해주고 홍보해주시는 데 더 힘을 쓰시는 듯해요."

원장님의 말씀이 맞았다. 나라는 사람이 원하는 비즈니스에 대해 정확히 파악하고 있었다. 세상에는 수많은 제품이 있다. 이른바 돈만 있으면 공장 찾아가 내가 원하는 제품들을 만들 수도 있다.

그러나 나는 어느 정도 자신의 상품에 대한 철학이나 한 번이라도 고객님들에게 도움이 될 수 있는 마인드를 지니며 제품을 만들고 판매하는 분들의 상품들을 선호한다. 전문가라면 최소한 이 정도의 마인드로 자신의 상품을 판매해야 한다고 생각한다.

3년 전부터 나는 오프라인뿐만 아니라 온라인에서 판매가 가능한 제품들을 픽(Pick) 하는 편이다. 스마트스토어에 함께 판매할 수 있는 아이템을 찾아 브랜드를 더 널리 알리고 고객님들이 제품에 대한 정보를 손쉽게 얻을 수 있도록 노력하고 있다.

온라인 판매를 하는 사이트들도 최소한 자신이 판매하는 제품들을 사용해본다. 제품 문의가 왔을 때 고객 응대, 매너는 기본으로 지켜야 하므로 무조건 "제품 올려서 온라인으로 판매해도 되어요?" 하는 판매자의 사이트에 대해서는 제품공급을 멈추고 있다.

브랜드 회사나 거래처 소비자에 대한 최소한의 예의를 보호해 주는 역할이 중요하므로 정해진 회사 방침을 꼭 실행하는 편이다.

다행히 샴푸의 반응은 지금도 좋다. 다만, 처음보다 원자재 가격이 상승해 비싸진 것이 흠이긴 하다. 좋은 제품은 소비자가 더 먼저 찾아주기 때문에 나는 자신이 있었다.

내가 SNS를 꾸준히 해온 보람을 느끼는 날이었다. 알게 모르게 셀카를 들이밀며 2014년부터 활동한 덕에 잊힐 뻔한 분들이 연락을 주시고 업무로 연결되는 참 묘한 인연이 많아 감사할 따름이다.

북 유튜버와의 인연

출처 : 한국경제신문

첫 번째 책《뷰라판》은 출간하자마자 기대 이상의 반응이었다. 출간 1주일 만에 2쇄 출간이라는 반가운 소식을 들었다. 그리고 큰 금액은 아니지만, 생애 첫 인세를 받기도 했다. 어설픈 초보 작가인 나에게는 기대 이상의 선물이었다.

세상에 자신의 이야기를 꺼내놓는 일은 상당한 용기와 자신감이 필요했다. 누군가에게 객관적인 평가를 받는다는 것으로 두려움 반, 걱정 반이었으니까. 다행히 나의 예상과 달리 30, 40대 경력 단절 여성들에게 용기와 긍정의 에너지가 되었다는 응원 메시지나 책 리뷰를 보고 나니 정말 감사할 뿐이었다.

페이스북 친구 유튜버 김현숙 님도 자신이 운영하는 유튜브 〈책 읽는 뮤즈〉 채널에서 나의 책《뷰라판》을 소개해주셨다. 그리고 스마트스토어에서 제품도 구매해서 사용해보시고는 에스테틱 제품에 반해 지인들에게까지 카카오톡 단톡방에 내가 판매하는 제품들의 사이트까지 홍보해주시는 열정을 보여주셨다.

얼굴 한 번 보지 않은 사이지만 그동안 소통하고 지낸 페이스북 친구라는 이유로 나에게 도움이 되는 의미 있는 시간을 만들어주신 것이다.

사실 온라인상의 인맥이라면 다들 의미가 없다, 진정성이 없다고들 말한다. 하지만 나에게는 그동안 감사하고 소중한 인연들이 참 많았다. 그만큼 오랫동안 소통하고 교류했던 보람도 있었던 거 같다.

평상시 나와 비즈니스 관계였던 오프라인 거래처 원장님들의 나에 대한 평가는 더 호의적이었다. 코로나19로 출간기념회도 할

수 없었고, 독서토론방에서 책을 홍보하기도 어려운 악조건이었
지만 줌 강의로 책 홍보를 해보라는 제안을 받았고, 홍보 기회도
얻을 수 있었다.

SNS 소통 친구들이 책 구매 인증사진을 올려주기도 했고, 강
의를 들으신 분들이 SNS를 통해 직접 《뷰라판》을 홍보해주시기
도 했다. 예상치 못한 지인들의 진심이 묻어난 바이럴 마케팅이
빛을 발했다.

인스타그램 마케팅 사례

2023년 8월, 무더위가 기승을 부리던 때였다. 휴가철이라 여유 있는 시간을 보내고 있을 시기였다. 이른 저녁 해질 무렵쯤 동네 라베니체 수변공원을 한 바퀴 돌며 열심히 걷고 있었다. 그때 인스타그램으로 여러 개의 댓글이 동시에 남겨지면서, 나의 핸드폰 진동 소리가 요란히 울리기 시작했다.

"연락해주세요. 이 제품에 관심이 많아요. 기다릴게요!"라는 짧은 메시지가 중국어, 영어로 나의 피드에 몇 줄씩 남겨져 있었다. 처음에는 스팸 광고인 줄 알고 무시하려다, 메시지를 준 분의 프로필로 들어가봤더니 반갑게도 4년 전에 내게 제품을 구매해간 중국 파트너였다.

당혹스럽게도 이 파트너가 성형을 많이 해서 한눈에 알아보기 힘들었다. 그녀는 내게 위챗 아이디를 DM으로 알려주고 위챗으로 소통하기로 원했다.

집으로 돌아오자마자 물을 한 모금 마신 뒤 한숨 돌리고 차분히 앉아 그녀에게 연락했다. 친절한 그녀는 위챗에 본인 회사 통역을 초대해 한국어로 나에게 제품에 관한 궁금증을 문의했다. 정확한 소통을 위해 통역까지 초대하는 그녀의 모습에 적극성을 엿볼 수 있었다. 다행히 그녀는 4년 전보다 훨씬 튼튼하게 규모가 확장된 회사를 이끌고 있었다.

그 후로 1달 뒤 우리는 매일 소통하며 그녀가 찾는 제품을 1,000개 정도의 소량이었지만, 샘플로 중국에 수출하게 되었다. 제품 본사의 가격조정이 원활하지 않아 처음 원했던 숫자보다 절반이나 적은 주문량이었지만, 나는 그녀에게서 너무 행복한 답변을 받았다.

"당신의 제품이든, 아니든 나는 당신을 통해 거래하고 싶다."

사실, 이 메시지보다 더 기쁜 파트너의 칭찬이 얼마나 있을까? 같은 제품을 판매하는 사업자는 여러 명이 될 수 있다. 그러나 유통하고 싶은 사람을 정해서 오는 경우는 쉬운 일이 아니다. 결국,

파트너에게도 '신뢰'가 필요하다는 뜻이다. 정말 고마운 비즈니스 파트너인 만큼 나 역시 더 신뢰감을 주는 파트너로 성장해가겠다고 마음을 다졌다. 그녀 덕에 지난 8월에는 비수기인데도 우리 회사는 최고 매출을 올릴 기회를 얻을 수 있었다.

블로그 마케팅 사례

SNS를 일상화하며 지내던 어느 날, 인스타그램 피드를 통해 파주의 북스테이 한 곳을 알게 되었다. 업무와 일상 속에서 글쓰기 집중하기란 쉽지 않아서 큰마음 먹고 1박 2일 게스트하우스 예약을 하고 집필을 하기 위해 잠시 떠나 있기로 했다.

파주 헤이리 마을, 자주 들렀던 카페 근처이기에 나는 북스테이를 한눈에 쉽게 찾을 수 있었다. 북스테이의 분위기 때문이었을까? 평일임에도 책을 좋아하는 마니아 몇 팀들이 숙소를 예약한 상태였다. 미리 블로그나 인스타그램을 통해 후기 글을 읽고 찾아가서인지 첫인상은 낯설지 않았고, 주인장의 안내에 따라 내가 예약한 미러룸으로 안내받아 들어갈 수 있었다.

문을 열고 방안으로 들어서자마자 가장 인상 깊은 모습은 긴

통나무 책상에 코너까지 한눈에 확 트인 통유리창이었다.

보기만 해도 시원시원한 동네 뷰에 잔잔히 들려오는 맑은 새소리가 글쓰기 안성맞춤인 곳이었다. 그리고 통나무 책상 위에는 이 방을 다녀간 방문객들의 인생사를 엿볼 수 있는 흔적, 방문 스토리가 담긴 노트 3권이 자리 잡고 있었다.

글을 쓰다 집중이 안 될 때는 방문객들이 기록해놓은 글들을 읽으며 그들의 감정, 감성을 엿볼 수 있었고 인생사 다 비슷비슷하게 사람 사는 냄새 풍기며 살아감을 느낄 수 있었다. 이 게스트하우스에서 매우 집중력 있게 집필할 수 있었고, 나름 1박 2일간 두 꼭지를 완성했다.

다음 날 퇴실할 때 이 숙소가 담고 있는 주인장의 인생철학 이야기를 들을 수 있었다. 주인장은 출판사 편집장 출신의 작가였다. 파주의 외진 곳에 있는 게스트하우스를 알리기 위해 2006년 오픈 시기부터 꾸준히 블로그를 운영하다, 최근 몇 년 전부터 인스타그램까지 운영하게 되었다고 한다. 이른바 인싸(인사이더)들의 핫플레이스로 자리를 잡았고, 남자들보다 더 여자들이 좋아하는 숙소로 유명세를 타게 되었다. 그렇다. 꾸준한 기록만큼 진실한 마케팅은 없는 것 같다.

나 역시 그날의 느낌과 경험들을 블로그에 기록했다. 짧게나마 이곳을 궁금해하시는 분들에게 도움을 드리고자 자발적 후기를 남겼다. 기록의 힘이 중요한 순간을 다시 한번 느끼는 시간이었다. 일기를 쓰듯이 올리는 블로그 기록 자체가 내 인생의 기록이 되니까.

블로그와 관련된 또 다른 사례도 있다. 지금 사는 동네로 이사한 5년 전은 내 인생에서 가장 힘들 때였다. 아이들은 성장해가고 매일 먹고 사는 식비가 무섭게 느껴질 정도로 지갑을 열기 쉽지 않을 때였다. 육식을 좋아하는 두 아들 녀석에게 가성비 좋게 좋은 고기를 사서 먹이고 싶은 마음에 김포 정육점 여러 곳 방문하다 단골 정육점이 생겼다. 그 가게 사장님의 스토리를 전하고 싶다.

40대 초반의 사장님은 다른 정육점보다 값이 저렴하고 질 좋은 고기를 판매하고 있었다. 아파트 아주머니들이 단골 가게로 자주 이용하는 집이었다. 주변에 대형마트도 많은데 어떻게 이런 고기를 유통하는지 몇 년째 단골인 내가 물어봤을 때 사장님 동생분이 도매업을 해서 가능한 일이라고 이야기하셨다.

나는 한 달에 2~3번 이곳을 이용하는데, 여유시간이 될 때 이 사장님은 블로그를 운영해서 판매하고, 인스타그램으로 꾸준히 홍보도 하며, 지금은 스마트스토어를 준비 중이라는 사실을 알게 되었다. 그 소식만으로도 너무 반가웠다. 사장님은 내가 갈 때마다 궁금한 사항을 물어보고 마케팅 관련 도서, 장사에 관련된 책,

유튜브를 통한 공부를 하고 계셨다. 내가 원하는 소상공인의 자세였다. 지난 명절 전에는 블로그를 통해 어느 기업이 단체주문을 해왔다고 신이 나 하셨다. 내가 본 이분은 정확히 블로그의 필요성을 인지하고 실행하는 분이셨다. 10평 남짓 작은 가게서 꾸준히 노력하는 저 모습, 발전하는 분이 틀림없었다.

스마트스토어 마케팅 사례

4년 전부터 나는 스마트스토어의 중요성에 대해 거래처에 어필해왔다. 상품들을 판매할 온라인 숍을 구축해야 한다고 소규모 세미나를 통해서나 거래처 방문을 하면서 나는 매번 강조했다.

"소상공인들에게 있어 SNS 홍보나 판매 채널 확장은 필수입니다. 특히나 본인들이 만들어서 판매해야 하는 제품에는 숨겨진 스토리가 담겨 있을 것 같은데요. 우리 회사 위브씨앤씨는 온·오프라인 에스테틱 제품을 유통하는 회사입니다. 판매할 제품을 취급하고 있고 제가 만든 브랜드를 홍보하기 위해 스마트스토어를 추천해요. 물론 매출 향상에 도움이 되었으니까요."

스마트스토어의 관심사는 뷰티업 뿐만 아니라 투잡을 원하는 분들 , N잡러 분들에게는 쉽게 접근할 수 있는 채널이기도 했다.

정말 감사하게도 주변에는 나의 영향력으로 스마트스토어를 시작해서 온라인 매출로 재미를 보고 계시는 분들이 있다. 내가 했던 이야기들을 흘려듣지 않고 바로 실행하셨다.

"대표님 덕분에 매출이 올라 은근 재미가 쏠쏠해요"라며 고마움을 전하시는 분들 계시고, 그 답례로 우리 마스크팩을 함께 판매해주시는 분들도 계신다. 그럴 때마다 나 역시 그분들에게 고마움을 전하게 된다.

어느 날,《뷰라판》책을 출간해주신 출판사 대표님으로부터 전화가 왔다. 3만 명의 구독자를 지닌 유튜버 이권복 대표의 〈성장 읽기〉 채널에 출연해보라는 내용이었다. 〈성장 읽기〉 채널은 유튜버가 추천도서를 읽고 저자와의 만남을 인터뷰 형식으로 소개하는 곳이다.

적극적인 성격의 나는 소개받은 연락처로 바로 전화를 드려 유튜브 촬영 날짜를 잡게 되었다. 나의 책을 읽어본 이권복 대표는 SNS 마케팅과 스마트스토어 마케팅에 관심을 두게 되었다. 미리 스마트스토어에 관련된 내용을 질문지로 보내주셔서 촬영 당일 나는 2시간가량 그 내용에 대해 인터뷰 응했다.

그 후로 한 달 뒤, 스튜디오를 방문해 촬영한 유튜브 영상이 내게 전달되었다. 유튜브 영상 2편으로 편집되었고, 책 한 권의 내용을 잘 요약해서 지루하지 않은 내용으로 아주 잘 연출해주셨다.

온라인 마켓에 대한 관심도가 높고 월 1,000만 원 이상의 매출이 가능한지에 대한 호기심이 커지면서 많은 분이 긴 영상이었지만 잘 들어주시고 응원해주셨다.

〈성장 읽기〉 촬영 당일은 유튜버님의 즉석 제안으로 또 다른 채널 〈너와 나의 은퇴 학교〉이라는 채널의 영상 한 편을 더 찍게 되었다. 유튜브 영상을 올리자마자 이틀 만에 조회 수 22,000회를 기록했다. 그만큼 나이 불문 온라인 마켓에 대한 관심도가 높아지고 있었다는 사실이 증명되었다.

출처 : 유튜브 〈성장 읽기〉

내가 거래하고 있는 오프라인 숍에는 고객관리를 위해 사용하는 제품군들을 사용하고 판매하고 있다(일명 프로페셔널 제품).

전국 거래처를 다녔을 때 안타까운 점들은 거래처에서 제품회사들로부터 받은 프로모션 제품들을 다 사용하지 못하고 재고로 남겨두는 사례를 보게 되었다. 프로모션 제품은 예를 들면 제품 10개 구매하고 1개의 제품을 무료로 공급받는 것이다.

잘 팔릴 경우는 아무 문제가 없겠지만, 재고가 남아 있을 경우는 10%의 마진이 이익이 아니라 재고로 쌓인다는 점이 문제였다. 결국, 재고가 남으면 해당 숍에서는 이익이 남지 않는다는 것이다. 많은 분이 이 부분을 간과한다. 그렇지만 경영에서는 아주 중요하다.

이러한 부분들을 줄이기 위해서라도 나는 오프라인 판매만이 아니라 온라인 판매도 필요하다고 생각했다. 그러다 보면 숍으로 방문하지 못하는 고객들이 온라인 숍에서 쉽게 구매할 수 있는 편리함도 생긴다. 온라인 숍인 스마트스토어는 매장을 운영하면서 제품을 판매하고 사용하는 분들이라면 필수로 준비해야 함을 강조하게 되었다.

"숍에서 사용하는 브랜드를 제품 회사 측에서 온라인에 못 올리게 해요."

"내가 사용하는 제품을 잘 알리고 싶은데요."

"코로나19로 고객님들의 방문이 절반으로 줄었어요."

"온라인 가격이 깨져서 판매하기 힘들어요."

거래처 원장님들은 내가 방문할 때마다 이렇게 하소연하기 시작했다. 그래서 나는 2년 전부터 판매하고 있는 제품들을 온라인 숍에 올릴 수 있게 도움을 드렸다.

온라인 숍을 만들지 못하거나 온라인 제품들을 취급하지 않은 원장님들께는 제작비를 받고 그들이 편안하게 판매하도록 도왔다.

사실 온라인 판매에 가장 중요한 부분은 제품들을 올리고 그 부분에 대해 제품구매 후 리뷰를 많이 남기게 하는 것이었다.

그러기에는 내 숍 고객들이 가장 좋은 타깃이었고, 고객들이 남긴 리뷰로 다른 고객들이 믿고 구매할 만한 사이트로 자리 잡는 일이 무엇보다 중요했다.

이렇게 온라인 제품이 잘 판매되기까지 도움을 주는 플랫폼 중 하나가 2021년에 가장 뜨거웠던 '라이브커머스'였다.

나는 이 부분들을 연결해 직접 체험했고 라이브커머스 원데이 클래스를 진행하면서 숍 원장님들이 더 전문가로 자리 잡길 바라는 마음에서 도움을 드리고 싶었다.

라이브커머스 원데이 클래스

책을 좋아하는 나는 틈틈이 내가 읽은 책이나 좋은 글들을 SNS에 공유하고 피드에 올린다. 다른 분들에게도 '힐링이 되는 글'이길 하는 마음에서다.

처음 라이브커머스를 시작할 때는 어떻게 시작해야 할지 막막했다. 책으로 나와 있는 모든 것들을 다독하고 유튜브에 있는 라이브커머스 관련 영상들, 서점에 나와 있는 라이브 관련 책들을 구매해서 공부해야 했다. 그중 박창우 쇼호스트가 공저로 함께 쓴 책을 읽고, 나의 인스타그램 피드에 올렸다. 평상시 SNS 친구로만 라이크 댓글로 소통했던 박창우 쇼호스트가 책 리뷰 홍보에 고맙다는 댓글을 달아주셨다.

박창우 쇼호스트가 홈쇼핑 17년 차 베테랑임을 이미 알고 있었

원데이 클래스를 진행 중인 저자 (출처 : 저자 제공)

고, 우연한 기회에 만나게 되면서 나는 우리 회사 업무 계획을 이야기하며 그에게 비즈니스 협업 이야기를 하게 되었다.

사람의 인연이 참 소중하다는 말이 원데이 클래스로 전문 쇼호스트를 소개해달라는 내 부탁이 없었다면 박창우 쇼호스트와의 인연은 쉽게 이루어지기 힘든 상황이었다.

뷰티 쇼호스트의 영역을 확장하고 싶었던 박창우 쇼호스트도 나의 제안을 감사히 받아들이고 원데이 클래스 강사로 활동하기로 했다.

우리 회사 위브씨앤씨에서 진행하는 원데이 클래스를 위해 커리큘럼을 정한 뒤 인스타그램, 페이스북에 적극적으로 홍보하면서 수강생들을 모집하기 시작했다.

다행히 올리자마자 에스테틱 숍 원장님 한 분으로부터 수강 요청을 받게 되었고 그녀의 홍보로 첫 뷰라셀 1기는 순식간에 마감되었다.

본인의 채널을 운영하면서 라이브교육을 진행하기는 에스테틱 업계에서는 아마도 내가 최초인 듯했다. 그만큼 뷰티 전문채널 비욘VYON 채널에서 뷰티 라이브셀러 이수진이 매주 진행하는 라이브방송을 바탕으로 전문 쇼호스트와 함께 진행하는 원데이 클래스는 독보적인 수업이 되었다.

"라이브방송을 하면 얼마나 팔리나요?"

라이브방송을 의뢰하러 온 회사나 라이브를 배우러 온 수강생들이 가장 첫 번째로 하는 질문이었다.

"음…. '뷰티'라는 아이템은 글쎄요? 에스테틱 브랜드를 일반 고객들이 얼마나 알고 계실까요? 라이브방송 시간 특가를 준비하더라도 기대한 만큼 판매되지는 않아요. 그래도 꾸준히 라이브방송을 시행하는 이유에 대해 묻는다면 소비자들에게 인식되는 어느 순간, 또는 사용해본 소비자가 리뷰나 홍보 댓글로 응원을 주는 순간 브랜드 가치는 달라지는 것 같아요."

이것이 내가 전하는 답변이었다. 너무 큰 기대를 하지 말고 일단 '시작'부터 하자는 메시지다.

라이브커머스 원데이 클래스 교육 커리큘럼

1부(이수진 대표)

퍼스널 브랜딩 SNS 마케팅교육, 스마트스토어, 라이브커머스 소싱 마케팅까지 라이브커머스가 왜 이 시기 필요한지에 대해 알아보는 시간으로 가졌다.

에스테틱 마케팅부터 퍼스널 브랜딩 소개 스마트스토어 마케팅이 잘 이루어지는 데 필요한 SNS 마케팅을 이해시키는 시간이었다. 사실 이 흐름을 모르고 라이브를 하기란 이해할 수 없는 부분이므로 정말 중요한 마케팅의 핵심 부분이었다.

라이브방송을 한다는 것은 시청자 앞에서 물건을 판매한다는 단순한 생각이 일반적일 것이다. 하지만 잘 판매하기 위해서는 나름의 전략도 필요하다. 내가 브랜드 대표님들을 게스트로 초대하고 지인들에게 라이브방송을 알리고 참여시키라고 부탁하는 이유는 대기업 브랜드가 아닌 이상 브랜드를 홍보하고 지인들을 통해 먼저 브랜드 가치를 알리며 체험을 시켜야 이른바 입소문 마케팅 (빅마우스 마케팅) 의 효과는 발휘할 수 있다. 그렇게 되기 위해서는 한 번의 방송이 아닌 지속적인 홍보가 필요하기 때문이다.

《뷰라판》에서 언급했던, 컨설팅을 해드린 회사 델라루즈코스메틱만 봐도 알 수 있다. 감사하게도 엄상희 대표님은 내가 제안한 마케팅을 하나하나 따라서 실천해주셨다. 그 성과로 창업 3년 만에 월 매출 10배 이상, 수출국 10개 이상 회사가 성장하는 포지셔닝을 보여주고 계신다. 정말 대단한 성과다.

그녀의 회사가 하고 있는 여러 마케팅 중 라이브커머스를 살펴보면 나의 제안으로 작년 6번의 라이브방송을 했고, 뷰티 라이브 원데이 클래스(뷰라셀 5기)를 수강 후 지금은 본인의 채널에서 라이브방송을 직접 실행하고 있다.

누구나 아는 마케팅일지 모르지만, 실천한 사람과 그렇지 않은 사람은 불과 몇 개월 차이라도 결과치는 분명 달랐다. 델라루즈코스메틱처럼 노력과 실천을 한다면 누구나 성장할 수 있을 거라고 확신한다.

몇 년 전, 모 브랜드의 뷰티 박람회장의 인연으로 맺어진 민서뷰티 강민서 대표님이 계신다. 그녀는 에스테틱 업계 20년 이상의 경험을 세운 뒤 스타트업한 케이스다. 워낙 교육을 잘하기로 입소문 나 있었고, 관리를 잘하는 스타일이어서 많은 분께 사랑받는 분이시기도 했다. 그녀 역시 뷰라셀 4시 원데이 클래스 수강 후 네이버 쇼핑 라이브 쇼호스트 데뷔 방송을 나와 함께 비욘VYON 채널에서 진행하게 되었다.

내가 유통하고 있는 스위스 브랜드의 발레브도 함께 파트너로 영업해주시고 계시기에 우리 둘의 라이브방송 콤비는 정말 찰떡 궁합이었다.

스피치, 제품 시연 그리고 에스테틱 현장서 실질적으로 사용하고, 케어로도 응용 가능한 리얼한 꿀팁까지! 역시 뷰티 업계 베테랑다웠다.

라이브방송 중 너무 신나고 재밌었는지 즉석 제안으로 다음에도 자주 출연시켜달라는 귀엽고 애교 섞인 말투에 우리는 즉석에서 약속하고 월 1회씩 출연하기로 했다.

부정적이거나 마인드가 맞지 않으면 같은 일을 해도 시너지가 나기는커녕 기운이 빠지는데 민서뷰티 강 대표님은 바라만 봐도 긍정 에너지, 웃음꽃이 피어나는 분이다.

라이브커머스 원데이 클래스 2기생이었던 조정원 원장님도 계신다. 스킨트레이닝이라는 브랜드를 만든 제품회사 대표이기도 하다.

4년 전 그녀를 처음 만났는데 지금은 어엿한 아들을 둔 워킹맘이다. 일과 육아를 겸하면서 체력적으로 힘들어지고 기존 고객 외에 신규 고객을 영입을 못 하는 상황에서 답답했는지 나를 찾아

왔다. 한정식집에서 점심을 맛있게 먹으며 이야기하던 도중 눈물을 흘리며 하고픈 일이 있는데 어떻게 시작해야 할지 막막하다며 나에게 하소연했다.

다행히 그녀가 원하는 업무는 내가 컨설팅을 통해 도울 수 있는 업무였기에 함께 진행해보자고 용기를 주었다. 육아를 하면서 틈을 내서 할 수 있는 라이브방송을 권하고 뷰티 공동구매를 진행하면서 기존 고객과 온라인 신규 고객 유입으로 새로운 에너지를 찾을 수 있게 했다. 내가 알려준 방식대로 잘 따라와준 원장님도 대단했고 실천하는 모습이 너무 예뻤다.

쿠팡 라이브로 1시간 동안 100만 원 이상의 매출을 올려본 경험이 있기에 원장님의 도전은 잘해낼 수 있을 거라는 믿음이 생겼다. 지금의 그녀는 자신의 브랜드로 미백 기능성 마스크팩을 출시하게 되었고 브랜드 대표로 성장하기 위해 한 걸음씩 나아가고 있다.

2부(쇼호스트)

홈쇼핑과 라이브커머스 방송 비교하고, 라이브커머스 시장의 미래 비전을 살펴보며, 라이브방송을 위한 보이스 트레이닝을 하는 시간을 가졌다. 라이브방송의 심의와 주의사항에 대해 알아봤다.

목소리

좋은 목소리란 무엇일까? 자신 없고 기어들어가는 목소리, 입

안에서 웅얼거리는 목소리, 생동감이 없는 목소리, 떨리는 목소리, 끝이 갈라지는 목소리는 좋은 목소리라고 하기 어렵다.

말의 속도가 너무 빠르거나 느린 경우, 콧소리가 많이 나는 경우, 어린아이 같은 목소리, 발음이 부정확해서 다시 묻게 되는 목소리도 마찬가지로 좋은 목소리가 아니다.

출처 : 저자 제공

발음

발음은 라이브방송 시 소비자에게 소리로 전달해야 하는 중요한 부분이다.

- 정제수 대신 해양심층수 베이스 자연주의 스킨케어
- 천연 미네랄을 풍부하게 함유한 동해 해양심층수가 피부를

#편안하고 #촉촉하게

- 정제수 대신 해양심층수 베이스 자연주의 스킨케어
- 천연 미네랄을 풍부하게 함유한 동해 해양심층수가 피부를 편안하고 촉촉하게
- 리얼 선 프로텍트 12H 플러스
- 자외선으로부터 피부를 보호하고 생기 가득한 피부를 가꾸어준다.
- 특허 성분만 모아 리뉴얼 된 에쎌로비앤씨 프리미엄 선크림
- 리얼 선 프로텍트 12H 플러스
- 자외선으로부터 피부를 보호하고 생기 가득한 피부로 가꿔주고 특허 성분만 모아 리뉴얼 된 에쎌로비앤씨 프리미엄 선크림

원고 리딩

"유산균 세럼입니다. 유산균 그동안 먹기만 하셨어요? 이제는 피부에도 바르세요. 아침저녁으로요. 많이도 필요 없어요. 단 몇 방울이면 됩니다. 스포이트로 하나, 둘 끝이에요. 이런 제형은 피부에 겉돌기 쉬운데, 몇 번 착착 두드리면? 흡수되는 거 보세요! 겉도는 거 전혀 없죠? 제형이 묵직한 데도 흡수가 잘 됩니다. 분자가 작아서 순식간에 쏙! 흡수. 마무리 느낌도 놓칠 수 없죠? 산뜻합니다. 아침에 메이크업 전에 쓰시면 깐 달걀 같은 피부 표현

이 가능합니다. 직접 경험해보시면 아실 거예요. 백 퍼센트 만족하실 겁니다."

애티튜드(Attitude)

소비자들에게 신뢰감, 호감을 줄 수 있도록 용모를 체크한다. 제품 콘셉트에 맞는 옷차림, 헤어, 메이크업을 신경 써서 준비한다.

화려한 소통, 대화, 정확한 발음 제품 정보 전달이 중요하므로 쉬운 단어로 최대한 풀어서 표현하고 표정과 시선 처리도 연습해 본다.

나는 운이 좋게도 몇 년 전부터 알고 지냈던 청담동 헤어숍 대표님에게서 연예인들이 받는 가격으로 헤어, 메이크업 특혜를 얻었다. 매주 라이브방송 때마다 제품 콘셉트에 맞춰 헤어, 메이크업을 받았다. 의상도 마찬가지로 잘 꾸몄다. 피부가 돋보여야 하는 날, 헤어가 돋보여야 하는 날, TPO에 맞게 의상, 헤어, 메이크업에 신경을 썼다.

어느 날, 나의 메이크업을 전담하는 엘페라 원장님이 내게 말씀하셨다.

"대표님 나이대 주위 분들 보면 성형이나 시술을 많이 하시던데 대표님은 그런 걸 전혀 하지 않으시네요."

"아, 제 피부가 심각한가요? 아직 그런 생각을 해보지 못했거든요" 했더니 "아니요. 너무 관리를 잘하고 계셔서 저 몰래 시술하신 줄 알았어요"라고 한다.

솔직히 운 좋게 화장품 회사 입사해서 뷰티 업계에서 종사해온 만큼 좋은 화장품들을 먼저 접하고 꾸준히 사용하면서 셀프 홈케어에 익숙해진 것 같다.

시간이 없어 따로 전문가분들의 케어를 받지 못하기도 한다. 가끔은 거래처 원장님들이 새롭게 선보이는 케어 프로그램을 그냥 해주고 싶다고 시간만 내서 와 달라고 해도 막상 방문하기는 쉽지 않았다.

내가 뷰티인, 뷰티 전문가란 소리를 들으며 살아가기에 관리는 열심히 해야 하고 이왕이면 지성미, 우아함도 잃지 않고 자기관리 잘하는 여성으로 살아가고 싶다. 외모도 경쟁력이므로….

타 브랜드 대표님을 라이브방송에 모셔서 제품을 소개하는 시간을 가졌다. 제품력이야 내가 사용해봐서 인정할 수 있었기에 라이브방송 후 좋은 피드가 많을 거라 미리 짐작하고 있었다.

그런데 방송 당일 스튜디오에 도착해서 들어서는 그녀를 보자마자 할 말을 잃었다.

빗질하지 않은듯한 부스스한 머리, 대충 묶은 헤어 스타일에 푸석푸석해보이고 피곤해보이는 피부…. 무엇보다 집에서 집안 일하다 금방 나온 듯한 옷차림에 솔직히 당혹스러웠다.

위낙 자기 주관이 세고 고집이 있으신 분이라 더 이상의 언급은 안 했지만, 역시 내 예상대로 방송 후 피드가 좋지 않았다. 개인방송이지만 자료가 남는 것이기에 굳이 말하지 않아도 이 정도는 스스로 체크하고 신경 쓰며 출연하는 매너를 갖추기 바란다.

3부(인스타그램 라이브방송 실전 편)

인스타그램 라이브방송 실전 시간은 원데이 클래스의 하이라이트 부분이었다. 수강생들이 자신의 외모도 신경 쓰고 올 만큼 영상기록의 힘은 만족도가 매우 좋았다.

교육자와 쇼호스트가 10분간 교육자 본인 소개를 인스타 실전교육을 통해 라이브 데뷔 연습하는 시간이다.

카메라를 켜기 어려워하는 사람들에게 카메라 속 문턱을 낮추고 핸드폰 앞에서 자연스레 자기소개 또는 업무를 소개하고, 본인의 제품 홍보도 연습을 한다.

인스타그램 라이브를 켜면 교육자 인스타그램 팔로워들이 들어와 응원해주는 시간이기에 지인들도 평상시 라이크(Like)만 눌러주다 동영상을 통해 보는 인친(인스타그램 친구)들도 서로 반가워하고 좋아하는 시간이 되었다.

수강생들에게 가장 만족도가 높은 시간이기도 했고 수업 후 핸드폰에 인스타그램 라이브방송 내용을 저장해놓고 추후 혼자 연습할 때 도움을 줄 수 있는 중요한 자료가 되기도 했다.

2021년 9월부터 매달 첫째 주 수요일에 5시간 이상 진행한 원데이 클래스 수업은 벌써 50명이 넘는 교육생들을 배출했는데 생각보다 이 수업에 관심을 가지시는 분들이 다양했다. 인테리어 대표님, 화장품 유통을 하는 대표님, 화장품 브랜드 회사 대표님, 에스테틱 원장님들, 교수님들 등 전문성과 끼를 가지고 있으면서 자신감을 가진 이들은 새롭게 도전을 했다. 4시간 수업의 만족도도 상당히 높은 편이어서 매월 1회씩 꾸준히 진행할 수 있었다.

라이브방송을 위해서는 전문성, 끼, 자신감 이렇게 3가지만 갖춰진다면 최상이다.

① 전문성

쇼호스트가 단순한 제품 정보만 소개하는 사람이 아니라, 본인의 체험을 바탕으로 자신 있게 제품판매를 추천하는 전문가로 보일 때 그리고 언제 발생할 줄도 모르는 고객들의 질문과 컴플레인에 대한 만족스러운 응대를 했을 때 고객들은 믿고 반응하며 구매하기 시작했다. 그래서 '뷰티'라는 분야의 공부를 많이 하고 자신들이 사용해본 체험을 시연하고 제품개발 배경을 소개해주며 소비자들에게 왜? 이 제품이어야만 하는가를 소개할 줄 알아야 했다. 내가 판매하는 제품에 대한 습득이 제대로 되지 않은 상태에서의 방송 판매는 전문가라고 할 수 없다.

② 끼(매력)

'끼는 몸과 마음으로 생각하고 있는 사고의 표현이다'라고 생각한다. 라이브방송을 하고 싶다는 생각이 있는 것만으로도 끼는 기본적으로 지니고 있다고 말할 수 있다.

"남 앞에서는 이야기를 잘 못해요"라며 걱정했던 분들도 인스타그램 라이브방송 실전이 시작되자 언제 그랬냐는 듯 쇼호스트와 호흡을 맞춰가며 소통을 하고 말하고자 하는 메시지를 정확하게 전달하기 시작했다. 그리고 본인들의 영상을 보고 만족스러워하는 눈빛들을 보고 있노라면 다양한 끼를 소유하고 있었다. 단지 내면의 끼를 업무 특성상, 표출하지 못하고 살아가기 때문에 몰랐던 것 같다.

SNS에 자신의 사진(셀카)을 찍어 올릴 수 있는 분들이라면 누구에게나 이 끼는 표출될 수 있다고 본다. '관종의 시대'가 얼마나 인정받고 우대받는 멋진 시대에 우리는 살고 있는가?

③ 자신감

처음부터 잘하는 사람은 없다. 나 역시 그랬다. 대중 앞에 서서 인사 한마디 나눌 때 떨리는 목소리 경험은 누구나 한 번쯤 해봤을 것이다. 스튜디오로 가는 차 안에서 "안녕하세요? 뷰티 라이브 셀러 이수진입니다"를 수십 번, 아니 수백 번 연습하며 입에 딱 달라붙어 자동으로 나오도록 노력했다. 그래야 라이브방송 때 실수를 하지 않을 것이라고 생각했기 때문이다.

어릴 적, 내가 존경하고 닮고 싶었던 신동진 아나운서님도 그러셨다. 발음, 발성 연습을 위해 대기실에 혼자 들어가 리딩 원고를 읽으며 남몰래 연습했던 시절이 있었다고…. 누구나 처음부터 잘할 수 없다는 것이다.

나 역시 라이브방송 초기에는 긴장되어 신경안정제를 반 알씩 먹어가며 방송을 했다. 그러나 신경안정제를 먹으면 처음에는 안정적일지라도 라이브방송 중반 정도에는 말이 늘어지는 경우가 생겼다. 그 당시 PD님은 그 상태를 체크하며, 나에게 신경안정제를 먹지 말라고 했다. 긴장의 상태는 라이브방송 횟수가 늘어날수록 익숙해졌다. 그렇다. 서툴러도 좋다. 꾸준히, 성실히, 열심히가 더 중요하다. 무엇보다 할 수 있다는 자신감이 중요했다.

나는 그렇게 원데이 수업이 끝날 때마다 그 상황과 모습들을 SNS 피드에 올리며 내가 가는 길에 대해 인지시키고 있었다.

처음 원데이 클래스를 시작하게 된 곳은 오랜 전통을 지닌 진주 동방호텔 내 '바른현 에스테틱'에서 시작되었다. 경상남도 진주, 김해, 사천 원장님들이 모임 자리였지만 트렌드를 앞서가는 5

분과 열정적인 수업은 아주 긍정적인 반응이었다.

그 후로 우리의 교육 커리큘럼은 조금씩 퀄리티를 높여가며 뷰티 라이브커머스 과정으로 하나씩 만들어가고 있었다.

나 역시 가지 않은 길을 가야 할 때 두려움과 막연함이 생긴다. 그러나 나는 그 두려움을 뒤로하고 일단 부딪혀본다. 되든 안 되든 앞을 보고 전진한다. 그러다 보니 시행착오를 겪는 건 당연하고, 수많은 실패 속에 새로운 경험과 교훈을 얻게 되기도 하는 것 같다. 라이브를 배울 때는 누구나 호기심이 가득했고 매우 의욕적이었다. 하지만 라이브 교육을 들은 몇몇 분들에게 라이브를 시작해보라고 말씀드렸을 때 단 4~5분 만에 실천하고 계셨다.

우리는 누구나 '성공'이라는 단어를 마음속에 품고 살아가지만, 실패의 과정이라는 두려움을 받아들이기에는 망설여야 하는 심리들을 가지고 살아가는 듯하다.

값진 수강료를 지불하고 내 시간을 배움의 의지로 투자를 했다면 그까짓 실패쯤은 리스크가 크지 않다. 무조건 한 번 도전해보는 것은 어떨까 싶다. 자, 지금 당장 핸드폰 애플리케이션을 켜고 라이브방송을 해보는 거다! 할 수 있다!

뷰라셀 6기 수강 후 라이브방송 출연까지 이제는 모바일 쇼호스트로 제2의 인생을 사는 김지성 님이 후배들에게 전하고 싶은 이야기를 소개한다.

화장품 사업에 관심이 많은 처제를 이수진 대표에게 소개해드리게 되었다. 처제 그리고 처제와 같은 분야에 일하는 지인들과 함께 뷰티 라이브셀러 6기 등록해 원데이 클래스를 듣게 되었다.

　전문 스튜디오에서 전문 쇼호스트를 모시고 스피치의 딕션, 제품에 대한 이해와 소구점 찾는 방법에 대한 교육을 들었다.

　라이브방송 리얼 실전 수업은 박창우 쇼호스트와 함께 진행했고 처음이지만 생각보다 잘한다는 평가를 받고 자신감이 생겼다.

　다행히 업무차 많은 분 앞에 자주 강의했던 경험들이 도움이 된 것 같다. 뷰라셀 이수 후, 이수진 대표의 권유로 본업 외 모바일 쇼호스트의 기회를 가질 수 있게 되었다. 뷰티 전문채널 비욘 VYON에서 남성화장품 MD638 진행까지 하게 된 것이다.

　긴장되고 떨리고 흥분되는 시간이기도 했지만, 내게는 50대 인생에 새로운 도전의 기회가 찾아와 삶의 에너지를 높여주는 기회가 되었다. 덕분에 모델 일까지 틈틈이 하게 되어 새로운 길을 걷고 있다.

　원데이 클래스를 진행한 이유는 일상 속 핸드폰을 두 손에 가지고 다닐 수밖에 없는 삶을 살아가기에 큰 자본을 들이지 않고 '인디펜던트워커의 삶'을 지향할 수 있는 방법의 하나라 아이템만

있다면 누구에게나 추천하고픈 마음에서였다.

아카데미가 아니기에 나는 실전에서 바로 사용 가능한 애플리케이션을 켜고 바로 활용할 수 있는 방법을 가르쳤다. 그래서인지 많은 업체 대표님들이 관심을 주셨고 배우러 오시기도 했다' 체계적인 장기코스 교육은 당연히 아카데미 커리큘럼이 우수하다. 시간이 부족하거나 당장 배워 실행하고 싶은 분들이라면 뷰티 라이브셀러 원데이 교육을 적극적으로 추천한다.

다행히 여러 채널의 경험을 바탕으로 뷰티 원데이 클래스는 홈쇼핑 채널까지 확장해 트레이닝 중이다. 다양한 채널의 경험을 한 사람만이 누리는 최고의 혜택일 수도 있겠다.

PART 05

미래 유망주들을 위한 특강, "꼭 만나고 싶었어요"

대구 한의대에서 강의하다

재미 삼아 사주를 보면 공부를 많이 해서 교직자 되었으면 좋을 팔자라고 했다. 그런데 학과 공부보다 내가 관심 있어 하고 좋아하는 공부에 집중하는 스타일이라 교직자가 되지는 못했다. 뷰티업은 내가 좋아하고 열정적이어서 책을 집필할 수 있었던 것 같다.

책 집필 후 달라진 점이 외부강의 의뢰가 들어온다는 사실이었다. 그것도 뷰티 관련 바이오산업융합학과부터 패션업까지 감사한 경험 이야기를 전해본다.

뷰티 관련 학과 대학생들을 위한 특강

2023년 3월, 페이스북으로 꾸준히 소통해오던 대구 한의대 이 교수님으로부터 어느 날 전화 한 통이 왔다. 재학생 3학년, 4학년

들에게 뷰티 SNS 마케팅 특강을 해달라는 부탁이었다.

그 당시 큰아들이 대학 2학년이라서 또래 아이들에게 유익한 정보를 주겠다는 신념으로 평상시 강의보다 더 열심히 준비해서 대구로 향했다.

교통편이 애매해 비행기를 타고 일정보다 조금 일찍 내려가 예전부터 알고 지냈던 대구 지사장님과 미팅 후 호텔에서 자유시간을 보내며 하루를 보냈다.

책을 쓰기 시작하면서 달라진 점이 있다면 혼자만의 시간을 자주 가지기 위해 노력하고 있고, 이 또한 즐기기 위해 바쁜 일상에서 머릿속 비우기, 마음 내려놓기를 훈련 중이기도 했다.

나의 업무는 주로 전화 영업이나 카카오톡으로 상담이 진행되기 때문에 휴식하는 듯했지만, 막상 취침시간까지는 업무의 연속인 경우가 많았다. 출장 하루를 충분히 휴식하고 다음 날 아침 학교로 향하기 위해 출근 준비를 했다.

햇볕이 따스한 봄날이어서 아들이 추천해 준 핑크 원피스에 흰색 트렌치코트를 입고 외모도 최대한 화려하면서 젊어 보이게 준비하고 학교로 향했다.

대구 한의대는 캠퍼스가 여러 군데였고, 학교 내 시설도 아주 컸다. 학교 주변 풍광은 때마침 봄날이라 벚꽃, 개나리, 진달래로 울긋불긋 화려하면서도 아름다운 경관이었다.

내가 찾은 캠퍼스는 바이오산업 융합학부 3학년 특강과 향산업부 4학년에게 특강을 하는 시간이었다. 강의실에 들어가자 칠판 위로 '화장품소재공학전공 전문가 특강', '위브씨앤씨 이수진 대표'라는 플래카드가 걸려 있어 한눈에 띄었다. 나는 떨리는 마음을 가다듬으며 학생들에게 인사를 나눈 뒤 강의를 하기 시작했다.

전문적인 뷰티 SNS 마케팅 이론보다 나의 경험을 토대로 비즈니스를 이끄는 실전 노하우를 리얼하게 이야기했다. 강의는 1시간 30분이었고 지루할 수 있는 시간이었지만, 강의를 듣는 학생들의 눈빛은 반짝반짝할 정도로 집중력이 대단했다. 강의가 끝난 후에도 강의에 대한 피드, 질문도 끊임이 없었다.

돈을 번다는 것…. 물론 쉬운 일이 아니지만 작은 회사여서 하나부터 열까지 내 손을 거쳐 만든 업무들이다 보니 강의내용들이 현실적으로 도움이 되었다 한다.

그 덕에 특강 평가 점수도 5점 만점에 4.91을 받게 되었다. 나 역시 너무 뿌듯한 시간이었다. 나의 특강은 그 후로 2번의 특강과 8번의 라이브커머스 줌 강의 특강까지 한 학기 10번의 특강 기회를 더 얻을 수 있었다. 그러면서 라이브커머스에 대한 실전에 익숙하기 시작했고 내 머릿속으로는 이론, 실습이 어느 순간에 정리 정돈 되고 있었다.

젊은이들의 열정 가득 담긴 것 때문이었을까? 나의 에너지도 한층 높아졌고 상당히 뿌듯하고 보람찬 시간을 보내다 온 시간이었다.

내게 배웠던 학생 일부는 대구 한의대에서 직접 제조한 자안 기초화장품을 만들어 판매하기 위해 수십 번을 인스타그램 라이브로 연습, 판매 후 최근에는 쿠팡 라이브, 그립에까지 도전하고 있었다. 열정적인 교수님과 학생들의 노력이 너무 멋져 보였다. 그들의 자체 브랜드 한방화장품 '자안'의 성장을 위해 응원하게 된다.

파이팅!

나의 모교, 여수 중앙여고에서 강의하다

《뷰라판》은 나에게 좋은 지인과의 인연도 연결해주었다. 23세의 나이에 혼자 서울에 올라와 산전수전 겪으며 배운 나의 일과 삶 속에서 지금의 노하우가 갖추어졌다.

지방에서 올라와 지인이나 선배가 있는 상황이 아니었기에 모든 일이 경험에서 우러나오고 배울 수밖에 없었다. 《뷰라판》에서 언급했듯이 나는 전남 여수 출신이고 여중, 여고를 나왔기에 선후배에 대한 만남은 거의 없었다. 그 당시 서울 올라온 친구들도 몇 명 되지 않았으며 페이스북을 통해 여고 동창 2~3명이 연락이 와서 얼굴을 보며 소통하는 정도였다. 지금의 성격과는 달리 학창시절 조용했던 나는 친구가 그다지 많지도 않았기 때문이다.

페이스북 메시지를 통해 페이스북 친구였던 김 대표님으로부터 연락이 왔다. 얼굴은 뵌 적은 없지만, 꽤 오랜 기간 페이스북 친구였기에 메시지로 반갑게 인사를 나눌 수 있었다. 그분 지인이 여수 중앙여중, 여고를 나온 후배인데 나를 만나보고 싶다고 말씀하셨다.

나는 흔쾌히 약속을 정하고, 약속 당일 우리 사무실로 초대해 반가운 마음으로 두 분을 만날 수 있었다.

모교 후배는 에스테틱 업계 수입브랜드 회사에서 5년 정도 근무하다, 2023년 2월 방배동의 자신만의 숍을 오픈하게 되었다고 한다. 첫 만남부터 아주 반가웠는지 우리는 9시간가량 이야기보따리를 풀며 서로의 비즈니스를 돕기로 약속했다.

우리는 대화 중 모교에서 강연해주기를 원한다는 이야기를 우연히 하게 되었다. 후배 서 대표님은 이 말을 흘려듣지 않았다. 모교에 근무 중인 사촌언니에게 나의 이야기를 전달해 고3 수능을 보고 홀가분한 마음으로 보내고 있는 친구들을 대상으로 2시간짜리 강연의 기회를 얻게 되었다.

고등학교 졸업 32년 만에 모교행은 나에게 가슴 벅찬 일이었고 그 당시 고3 때 막연하게 내가 꿈꾸던 일을 하며 모교에 재능기부 할 수 있다는 사실에 너무 기뻤고 나 자신이 조금 멋있게 느껴졌다.

강의 당일 교문을 들어섰을 때는 왠지 모를 감동에 벅차 나도 이유를 모르는 눈물을 흘렸다. 30년 만에 어릴 적 수진이를 다시 만나러 오는 느낌이어서인지 매우 흥분되는 상태였다. 워낙 나이 차이가 나는 후배들과의 강연시간은 걱정과는 다르게 나의 이야기에 집중해서 귀 기울여주었다. 수준 높은 뷰티 상식들을 궁금해하며 질문을 쏟아내서 2시간이라는 강연시간은 금방 지나가는 느낌이었다.

강연을 마치고 강단을 내려오는 데 함께 참여하신 선생님께서 2월에 중앙여중 대상으로도 강연을 부탁해 얼떨결에 나는 우리 모교 중앙여중, 중앙여고에서 멋진 강연을 할 기회를 얻게 되었다.

참 신기했다. 사람의 인연이…. 그날 강연 후 남은 책 5권을 중앙여중 선생님께 드리고 왔다. 나의 책을 교무실서 돌려 읽어보신 중앙여중의 현재 교감 선생님께서 바로 제자인 나를 알아보셨다고 한다. 그 덕에 정말 오랜만에 나의 은사님과 전화 통화로 안부 인사를 전할 수 있게 되었다. 뭔가 말로 표현할 수 없었던 감동의 연속이었다.

그리고 내가 얻은 교훈 하나 "착하게 살아가자"를 더 실감하던 순간이었다. 교감 선생님 말씀에 의하면 이 책을 읽으면서 수많은 제자 중 "이수진이구나" 하고 단번에 아셨다고 한다.

내가 쥬리아 화장품에 공채로 입사를 한 해에 선생님을 찾아뵈었고 선생님은 그 당시 회사 입사를 멋지다고 축하해주시며 너무 뿌듯해하셨다.

이 사실을 부모님께 이야기했을 때 우리 부모님도 너무 기뻐하

섰고, 고생하는 큰딸이 아닌 자랑스러운 큰딸로 흐뭇해하셨다.

내 나이 52세가 되는 해인 2023년 교감 선생님은 정년퇴임을 앞두고 계시고 정년퇴임 전 나를 만나고 싶어 하셔서 2월 6일 강연 날짜를 잡아주셨다.

"선생님 진심으로 감사합니다. 더 부끄럽지 않은 제자가 될게요. 사랑합니다. 김근희 교감 선생님."

출처 : 저자 제공

에스테틱 숍에서 마케팅 교육을 하다

이번에는 에스테티션을 위해서 마케팅 교육을 했던 사례다.

회사업무 전화로 문자 한 통이 왔다. 지방에 있는 프랜차이즈 에스테틱 숍인데 매달 직원들의 능력향상을 위한 교육을 시행하고 있다고 한다. 몇 년간 인스타그램을 통해 뷰티인으로서 다양한 활동을 하는 나의 모습을 보고 단순한 테크닉 교육이 아닌 다양한 업무, 경험 경력들을 직원분들에게 들려주었으면 한다며 업체 대표님께서 나에게 강의를 의뢰하셨다.

강의 당일 새벽 3시 기상했다. 오랜만에 느끼는 긴장감에 바깥 공기는 칼바람처럼 유독 더 차갑게 느껴졌고, 나는 출장 준비를 서둘러 마친 후 광명 KTX역으로 향하기 위해 자동차 시동을 걸었다. 어두컴컴한 새벽녘 차가운 핸들을 만지작거리며 고요한 클래식 음악을 들어가며 출발하기 시작했다.

집에서 1시간가량 걸려 도착한 광명 KTX역의 기운은 겨울 칼바람처럼 차갑고 고요하며 싸늘한 분위기였다. 차에서 내렸을 때 체감기온은 얼굴이 시릴 정도였다. 다행히 마스크가 일상화된 시기에 가려진 양 볼 부위가 얼굴 다른 부위보다는 덜 차가웠다. 역내 식당에서 우동 한 그릇을 사 먹은 뒤 따뜻한 바닐라라테 한잔을 마시고 나서 기차에 탑승했다. 1시간 30분 정도 동대구역까지 음악 감상하다 졸다가 생각 정리도 하며 도착한 듯했다.

나에게 교육을 의뢰해준 에스테틱 숍 대표님이 직접 대구역까지 마중 나와서 편안한 마음으로 목적지까지 도착할 수 있었다. 차 안에서 간단히 인사를 나눈 후 직원들을 위한 교육내용을 미리 언급해서 강의 전 도움이 되는 시간이기도 했다.

에스테틱 숍 세미나실로 들어가자마자 10여 명의 직원은 박수로 나를 격하게 환영해주셨다. 강의 내내 청강하는 태도 또한 적극적이고 긍정적인 분위기여서 4시간이 금방 지나갔다. 나 역시 재미나게 강의를 할 수 있었다.

교육 전, 나의 책을 읽어오라는 과제를 완벽하게 준비한 상태여서 더 집중해서 강의를 듣는 듯했다. 4시간가량 강의를 마친 후 오늘 교육 후기 소감 발표를 들었다. 나를 바라보며 눈시울을 붉히는 테라피스트도 계셨고, 존경심이 생긴다는 선생님도 계셨다.

그중 나는 한 수강생으로부터 질문 하나를 받았다.

"대표님. 앞으로 대표님의 꿈은 뭐예요?"

"전 지금 제가 하는 일을 오랫동안 꾸준히 해나갈 거예요.《뷰라판》에서 언급한 것처럼 한국의 샤넬을 꿈꾸고 싶고, 80세까지 일하고 싶어요"라고 답변했다.

질문의 답변을 마치고, 돌아오는 길에 나의 답변에 대해 다시 한번 사색하게 되었다. 그리고 답변의 실행을 위해 구체적인 로드맵이 더 필요함도 느꼈다. 누군가에게 가르치러 가는 자리가 아닌 나의 인생을 위해 하나 더 배운 자리였던 것 같다.

출처 : 저자 제공

국제대학교 모델학과에서 특강을 하다

딥인아카데미 김영아 대표가 2023년 국제대학교 모델학과의 한 학기 수업을 맡자마자 나에게 부탁한 특강이 있었다. 현재 아이돌 연습생 엄마로서 모델학과 친구들도 나에게는 관심의 대상이었기에 2시간 동안 어떠한 이야기들을 전할지 진지하게 고민했다.

대상이 아무래도 큰아들 또래여서 역시나 우리 아이에게 먼저 조언을 구했다. 대학 4학년인 만큼 큰아들도 미래에 대한 고민이 많기에 아이는 "엄마가 하는 실전 업무 이야기를 해주시면 도움이 될 듯해요"라고 말했다.

그래서 지금 세대 '인디펜던트 워커의 삶'과 '뷰티 라이브 실전 특강', 스킨케어의 기본인 '홈 케어 관리법'에 관한 내용으로 특강을 준비했다.

오랜만의 대학 특강이라서, 교정에 들어서면서부터의 젊은 열기에 나의 기분마저 흥분되었다. 오후 2시 강연이라 분명 졸릴 시간이어서 학생들에게 재미와 선물을 주기 위해 《뷰라판》과 발레브 프레셔스 핸드크림, 풋크림을 챙겼다.

강의실에 도착해 PPT를 켜자마자 맨 앞자리 앉은 남학생이 "어? 저 책 2년 전 나온 책 같은데요. 서점에서 봤어요. 제 친구가 메이크업하는 친구인데 책 구매해서 기억하거든요"라고 아는 척을 했다. 너무 반가웠고 나뿐만 아니라 김영아 대표도 놀라 눈웃음을 지었다.

강의 시작 전, 나를 소개하면서 노란색 꽃다발을 센스 있게 전해주었고 비타민음료, 커피, 물 3종을 준비해 강의하는 동안 편안하게 할 수 있었다.

완벽한 강의 준비 모습에 감동해 아주 기쁜 마음으로 답례라도 하듯 2시간을 열강했다. 생각보다 수강생들은 재미난다고 했고 집중해서 들어주어서 나 역시 신나게 강의를 했던 자리였다. 모델이라는 세계서 자신만의 스타일로 누구보다 독보적인 사람이 되기 위한 여러 가지 준비들을 '뷰티와 라이브방송'이라는 주제로 쉽게 전달하려고 노력했다. 2시간의 리얼한 수업이 이 친구들에게 도움이 되었으면 하는 마음이었다.

5분 조금 일찍 강의를 마치고 단체사진으로 인증사진을 남기는

데, 역시 모델학과였다. 장신들 사이 나의 키는 묻혔지만, 아우라 만큼은 빛을 낼 수 있는 사진 한 장을 남겼다.

수업을 들은 학생들도 초대해준 교수님도 모두 만족해하셨다. 힘들게 다녀온 장거리 운전이었지만 보람찬 하루였다. 나는 그날의 느낌을 SNS 계정에 바로 올렸고, 수업들은 친구 몇 명이 나를 팔로우하며 인스타그램 친구가 되었다.

가끔 사주를 보면 교수직을 해야 했다고 하는데 이렇게 특강으로 학생들을 만날 수 있어 감사하다.

출처 : 저자 제공

PART 06

못다 이룬
쇼호스트 꿈을
이뤘어요

———

라이브방송 업체대행으로 쇼호스트 도전

새벽 3시 알람이 울렸다. 쇼호스트 소미와 김포공항에서 만나기로 약속한 시각은 새벽 4시 30분이었다. 다행히 남편이 운전해서 데려다줘서 불편함 없이 공항까지 안전하게 도착할 수 있었다. 공항 내부는 아직 조명을 켜지 않은 상태라 매우 어둡고 깜깜했고 첫 비행기를 타려는 여행객들로 약간의 소음이 들리는 정도였다.

잘 보이지 않은 국내선 내부는 단체여행 고객들과 첫 비행기를 타고 이동하려는 여행객들로 분주했다. 나 역시 첫 비행기의 탑승은 처음이라 잠을 설치고 나선 길이어서 비몽사몽한 상태였다. 우리의 출장은 제주 송 대표님의 부탁으로 호텔 여행 상품권을 라이브방송을 통해 홍보해주는 업무였다. 처음 경험해보는 상품이라 설레기도 했고 긴장되기도 했다. 호텔 내부를 경험하지 못한 상태였기에 제주 도착 후 해야 할 업무에 대한 플랜으로 나의 머릿속은 이미 복잡한 상태였다.

아침 7시가 살짝 넘어 제주공항에 도착한 우리는 렌터카를 찾아 가볍게 애월 해변을 드라이브 한 후 호텔 내부를 스케치하기 위해 핸드폰으로 동영상을 촬영하고 수백 장의 사진을 찍어 SNS에 올리며 라이브방송을 준비했다.

호텔 투어는 자동으로 호텔 스케치하다 습득하게 되었고 30분이라는 짧은 시간 수영장에 물이라도 담그며 인증사진 찍기에 바빴다. 그만큼 홍보가 중요했기 때문이다.

저녁 7시 30분. 드디어 비욘VYON 채널 방송 시작 알림이 울리기 시작했다. 라이브방송을 통해 이 H호텔에 관심이 많았던 분들을 위해 사실적인 브이로그로 촬영을 했다. 호텔 내부 장점, 이용시설들을 설명하며 진행하기 시작했다.

긴장했던 마음보다 훨씬 재미나고 유익하게 1시간 30분가량의 라이브방송을 마쳤다. 재미는 있었지만 끝나고 지친 심신에 룸서비스 시켜 허겁지겁 먹는 저녁 시간으로 하루를 마감했다.

호텔방송을 지켜본 업체에서 프리미엄 애견펜션 가평 반디빌리지의 라이브방송 의뢰도 비욘VYON 채널에서 함께 해보자고 들어왔다.

비욘VYON 채널이 뷰티 전문채널이라고 인식했던 분들에게 숙박권 판매는 생소하게 다가갔지만, 결과적으로 다양한 상품판매와 좋은 정보를 줘서 더 믿음이 가는 비욘VYON 채널이라며 고맙다는 시청자들의 평가에 다시 한번 라이브방송의 뿌듯함을 느끼는 시간이었다.

출처 : 저자 제공

반디빌리지는 단독펜션, 애견펜션, 복층구조이므로 브이로그 스타일로 촬영해가면서 펜션 이용객들을 위한 관점으로 소품 하나하나, 작은 부분까지 꼼꼼하게 비춰주었다.

신기하게도 인스타그램 홍보 글을 보고 사전 구매하는 고객도 생겼다. 현장 라이브방송 1시간 30분 라이브를 마치고 나면 허기진 상태가 된다. 미리 준비해간 토마호크를 구워 먹으며 힐링의 시간을 보낸 마무리까지 아깝지 않은 시간이었다.

내가 운영하는 스마트스토어 비욘VYON 사이트에는 수입, 제조하는 화장품 외에 다른 회사 제품들도 입점해 있다. 다양한 제품군들을 입점시키려고 오프라인에서 검증된 제품들을 미리 사용해보고 그들의 회사들과 협업해서 함께 판매하는 방식이 내가 추구하는 비즈니스 방식이었다. 우리 사이트에는 10여 군데 회사와 협업으로 온라인몰에 입점시켜 제품들을 판매하고 있다. 처음에는 낯설었다가 그 브랜드들이 성장해가면서 함께 판매율(매출)도 나아지고 있다.

네이버 스마트스토어를 만들어서 운영하라는 나의 이야기에 미리 제작한 거래처 원장님들은 연휴인 오늘에도 소소한 매출을 올리고 계셨다.

그녀들의 핸드폰 알림에 제품판매 주문서가 오고 내 핸드폰으로 주문서를 토스했을 때 나 역시 뿌듯하고 기쁘다. 나의 주변이 잘되어야 서로가 행복하지 않겠는가?

몇 군데 회사들은 어렵게 라이브방송을 하고 싶다는 이야기를 전화기 너머 꺼낸다. 라이브커머스를 하다 보면 라이브방송 대행업체 문의가 들어 온다. 방송하는 쪽도 시간과 돈, 인력을 투자해서 준비하고 진행하는 것이고 방송을 의뢰하는 쪽도 브랜드를 알리고 제품판매, 매출의 기대, 브랜드홍보의 효과를 보기 위해서다.

내 채널의 경우는 스튜디오 대여비(3시간 기준, 공식가격이 정해져 있다), 쇼호스트 비용, 내 인건비, 장소 대여비를 포함해서 최소 대행비만 받고 진행하는 편이다.

대행사는 아니지만, 나는 시간을 투자하는 일이고 우리 몰(스마트스토어 비욘VYON)의 고객들에게 라이브방송을 할 제품들을 홍보하는 기회이므로 소정의 수고비만 받고 함께 브랜드를 성장시키길 원한다.

우리 회사에서 판매하고 있는 대표적인 브랜드 하나를 소개하자면, 남성화장품으로 4년 전 인연을 맺어 오프라인에서 꾸준히 판매하고 있었던 MD638이라는 올인원 제품이 있다.

전직 기자 출신이었던 최 대표님은 페이스북을 통해 내게 먼저 연락을 주셨다. 에스테틱 업계에 남성화장품을 함께 유통해달라고 부탁을 하셨다. 평상시 페이스북을 통해 참 인자하고 인성 좋으신 대표님의 이미지 덕에 나는 흔쾌히 제안을 받아들였다. 그때부터 에스테틱 숍과 온라인몰에서 꾸준히 브랜드를 알리기 시작했다. 남자분들은 샤워할 때나 화장품을 바를 때 이것저것 바르기 싫어하고 결혼한 분이나 연애 중인 분은 아내나 여자친구가 주로 구매결정력을 보여주므로 제품력은 기본, 향에 만족도가 높아야 한다. 그리고 남성 피부들은 지성 건조 피부가 대부분이므로 겉은 번지르르한 개기름이 있는 듯해도 건조한 피부가 많아서 보습력도 좋아야 한다. 그런 부분에서 MD638은 높은 가격대임에도 불구하고 남자분들의 재구매율이 높은 편이다.

라이브방송 날은 최 대표님이 직접 출연해 제품 브랜드스토리, 개발 배경, 딸들에게 한 달 동안 발라서 부작용의 사례를 나오지 않게 한 임상 테스트 등을 소개했다. 그의 노력과 제품에 대한 애정 등을 엿볼 수 있었다. 사실 라이브방송 시간 판매는 얼마 안 된다.

그러나 역시 내 예상대로 방송을 시청한 오프라인 숍에서 주문이 들어오기 시작했다. 강원도 태백에서까지 신규 주문이 들어왔으니 어찌 방송 효과가 없다고 하겠는가?

너무 기뻤고 꾸준히 성장하고 있는 우리 회사를 믿어주고 인정주시는 모습에 더 기뻤다. 이렇게 다른 회사의 방송 의뢰에서 내가 맡은 역할은 뷰티 라이브방송 전문 쇼호스트다. 30대 초반에 H홈쇼핑 쇼호스트 입사시험을 봤다가 낙방한 경험이 있었는데 지금은 자랑스럽게도 내 채널에서 내가 좋아하는 화장품으로 라이브방송을 하는 50세 인생! 나름 참 열정적으로 잘 꾸려나가고 있음에 감사하고 행복하다.

OMG! 어쩌다 먹방 쇼호스트 데뷔

홍게 먹방

우리 회사는 전국 100여 개 이상의 에스테틱 숍과 거래하고 있다. 오랜 거래처이기도 하고, 뷰라셀 7기를 이수한 이지연 대표님은 '폭스티지'라는 스마트스토어를 운영하고 있다.

온라인 직원까지 채용해서 쇼핑몰 폭스티지를 키우는 단계에 내게 라이브 교육을 문의하시게 되었고 적극적으로 라이브교육을 이수하게 되었다.

그녀는 아침마다 부지런히 운동하며 예전보다 자기관리 또한 철저히 하고 있었다. 그러던 그녀가 SNS에 산지 직송 홍게를 판매한다는 피드를 우연히 보게 되었다. 워낙 홍게를 좋아하는 나는 바로 폭스티지에 주문을 했고, 택배를 받은 순간 '이거 라이브방송을 하면 어떨까?'라는 생각에 대표님께 바로 전화를 드렸다.

대표님은 내가 도와준다면 한번 해보겠다고 말씀하셨고 일사천리로 산지 회사랑 상의 후 라이브 일정을 잡게 되었다.

출처 : 저자 제공

방송 당일 라이브방송 때 선보일 홍게 요리 몇 가지를 준비해서 스튜디오에 도착한 이 대표님과 매니저님 그리고 나는 홍게 요리 비주얼을 신경 써가며 스튜디오에서 다시 한번 손질 후 현실감 있는 컬러와 생동감을 표현하기 위해 완벽한 준비를 했다. 우리가 준비한 요리는 홍게 볶음밥, 홍게 어묵탕, 홍게라면, 홍게찜 이것만으로도 스튜디오 테이블은 화려하게 한 상 가득 차려졌고 홈쇼핑 못지않은 준비에 모두 감탄했다.

라이브방송 원데이 클래스를 배우고 함께 방송해서인지 방송 전, 긴장된다는 이 대표님은 막상 라이브방송이 시작되자마자 차분하게 잘 말씀하셨고, 처음 진행하는 먹방에 도전한 나 역시 신나서 방송시간을 즐겼다.

처음 먹방에 도전하다 보니 외모도 가정주부 콘셉트로 나름 신경 쓰고 방송 전날 백화점에 가서 앞치마 하나 장만하는 등 나 역시 이 시간을 위해 철저히 준비했다. 무엇보다도 홍게 라이브방송은 그립, 네이버 채널들을 전부 다 찾아보며 어필해야 하는 부분, 정보들을 공부하는 시간을 가졌다.

다행히 1시간 첫 방송의 결과도 나쁘지 않았고 홍게를 구매한 내 지인들도 그날 구매해서 맛있게 잘 먹었다는 말씀을 전해주시니 보람찬 시간이었다.

뷰티 방송보다는 사전 준비가 많았던 먹방! 산지 직송의 좋은 제품을 판매하고 직배송한다면

배송 CS에도 큰 무리가 없는 것 같았다. 라이브방송의 여유가 생긴다면 먹방 전문채널을 하나 더 운영해보는 것도 추천한다.

이너뷰티 판매

이너뷰티(Inner Beauty)는 먹는 화장품을 통틀어 이르는 말이다. 내부에서부터 건강한 피부를 가꾼다는 의미다.

3년 전 타 라이브채널에서 탤런트 최승경 씨와 그의 제품 '칼라만시'를 라이브방송을 한 적이 있다. 큰 기대 없이 진행한 라이브

방송이었는데 1시간에 500만 원 이상의 매출을 올렸다. 그 당시 칼라만시라는 음료가 다이어트에 도움이 되는 비타민 음료라며 유행이었다. 에스테틱 숍에 계시는 분들에게 도움이 되는 상품이기도 해서 오프라인 유통을 했는데, 아주 반응이 뜨거웠다.

얼마 전 최승경 오라버니로부터 전화가 왔다. 이번에 함께 '넛토리'라는 식품브랜드의 방송을 함께 해보자는 제안이었다.

강원도 홍천의 곶감, 감말랭이, 견과류 등 먹방을 하자는데 경험이 있었기에 흔쾌히 수락했다. 바르는 것, 먹는 것, 마시는 것 등 이런 모든 게 어우러졌을 때 피부미인의 조건이 되기에 '이너뷰티'를 알리는 것은 나에게 사명감 같은 것이었다.

넛토리라는 브랜드도 1965년부터 사업 시작으로 신세계백화점, 전국 이마트에 입점해 있는 최고의 브랜드였다. 1주일에 2번 수요일 금요일 방송으로 진행했지만, 다행히 비욘VYON 채널 고객들의 반응은 뜨거웠고 방송 후 단체주문도 이따금 들어와 라이브방송 매출에 도움이 되었다.

일단 좋은 상품은 재주문이나 고객 만족도 후기가 좋아 소비자 분들이 먼저 알아주는 상품임을 입증하게 된다.

나에게 오는 어떠한 기회라도 감사하게 생각하며 잘 검토해보고 만들어가다 보면 언젠가 도움이 되는 기회가 되지 않나 싶다.

"여러분들이 제게 주시는 기회. 언제든 환영합니다."

동남아 온라인쇼핑몰 쇼피 라이브방송 도전

"Hello. This is Sujin Lee. CEO of Facemore I worked in the K-beauty industry for more than 22years The products displayed here are tested developed and launched by my own Feel free to ask and inquire about facemore Thanks."

말레이시아에서 학교에 다니고 있는, 나의 조카 인플루언서 앨리스 킴(Alice Kim) 덕분에 진행할 수 있는 뷰티 라이브방송 시간이었다.

온라인 글쓰기 수업을 듣다 알게 된 디자인그레이 이 대표님으로부터 3년 만에 연락이 오셨다. 나의 기억에는 온라인수업 단톡방

분들과 부산 워크숍에서 1박 2일을 보내며 잠깐 몇 마디 나눈 기억 밖에 없었다. 그 당시 내가 단체선물로 드린 페이스모아 시트마스크를 사용해본 분들이 좋았다는 이야기가 생각나서 내게 어렵게 전화를 했다고 한다.

이 대표님은 화장품 비즈니스를 하는 나를 찾아와 동남아쇼핑몰 쇼피(SHOPEE)에 우리나라의 화장품을 입점해보고 싶어 하셨다. 솔직히 쇼피는 나 역시 입점하고 싶었지만 어떻게 시작할지 엄두가 안 나서 미루고 있었기에 우리 회사 대신 우리의 제품을 판매해보시겠다는 이 대표님의 제안은 나에게도 반가운 제안이었다.

때마침 방학이어서 한국에 온 조카 앨리스와 나는 주말 저녁을 공략해 싱가폴, 말레이시아로 라이브방송을 송출했다. 팔로우 8명이었던 디자인그레이 사이트의 라이브방송은 스타트한 지 얼마 되지 않았기에 전혀 기대감 없이 시작했다. 단 1명의 고객이라도 잡아보겠다는 마음으로…. 그런데 이게 무슨 일인가? 라이브방송 시작하자마자 3분 안에 500명 이상이 유입되더니 3주 만에 1시간 방송 동안 뷰 4,000명대를 넘으면서 현지 단골들이 생기기 시작했다.

말레이시아의 한 여성 고객은 K-뷰티 전문가인 내가 추천해준 화장품을 사용하고 얼굴이 좋아지자 2주 만에 기초화장품을 10가지나 추가로 구매했다. 그리고 우리 세일즈를 믿고 따르기 시작했다.

K-뷰티의 위상은 높고 넓어졌다. 하지만 개인 고객들을 위한 맞춤형 컨설팅은 사실상 보편화하지 못하고 있는 실정이다. 그래서 나는 이 길을 널리 알리고자 사명감과 함께 개척해나가고 있는지도 모른다.

출처 : 저자 작성

수입 업무도 위브씨앤씨에 맡겨주세요

    독일 화장품 비욘VYON 화장품의 한국 영업 실패로 난 한동안 수입 브랜드에 대한 생각을 접었다. 기회를 준다 해도 여유자금도 없었을뿐더러 내가 경영하고 있는 현재 우리 회사 사정상 달갑지 않은 제안들이었기에 정중히 거절했다.

    그러던 어느 날, 몇 년 전부터 알고 지내는 (주)조현산업 박 대표님으로부터 연락이 왔다. 박 대표님은 미국에 거주하면서 한국에 미국 라이크라 원사를 독점 수입 유통하고 계시는 20년 차 사업가셨다.

    스위스에 사는 누나 가족으로부터 추천받은 제품이 있는데 한국에 유통채널을 찾아보라는 제안을 받고 고민 중이셨다 한다. 그 제안을 받고 생각해보니 지인 중 내가 화장품회사를 운영하면서 매일 열심히 살아가고 있다고 생각했고 나라면 '발레브'라는 브랜드를 본인 브랜드처럼 잘 유통할 듯싶어 내게 선뜻 제안을 주셨다고 한다.

사실 회사 자본이 여유 있는 상태는 아니었지만, 최고급 스위스 자연 원료 100%로 만든 세계서 인정받는 스위스 화장품이라는 점이 탐났기에 나는 몇 주 동안 진지하게 고민을 할 수밖에 없었다. 발레브 제품은 아시아 중에서는 한국에서 시작하는 제품이었다.

유럽과 비교하면 제품 브랜드 스토리를 만들어서 판매해야 하는 한국에서는 자료가 충분하지 않아 무에서 유를 만들어가면서 판매해야 하는 회사였다. 제품 스토리 자료가 턱없이 부족했기에 브로슈어를 만들고 브랜드 스토리를 알리기 위해 준비하는 일은 많은 노력과 집중을 필요로 하는 일이었다. 하나부터 열까지 만들어내야 하는 상황이었기 때문이다. 그렇다고 코로나19 탓에 당장 스위스를 다녀올 수도 없는 처지이었기에 시작부터 힘든 상황이었다.

나는 스위스에서 보내준 몇 장의 이메일 자료로 우리 직원과 발레브 9종에 관한 브랜드 스토리를 만들고 카탈로그 작업을 하면서 스마트스토어에 만들 온라인 상세페이지를 제작하기 시작했다. 오프라인보다 온라인이 강세인 요즘 같은 시기 다양한 온라인몰에 입점하는 것을 목표로 영업하면서 이례적으로 라이브방송을 통해 발레브 화장품의 런칭 준비를 하게 되었다.

스위스의 높은 물가로 '하이엔드 코스메틱'으로 홍보한 만큼 첫 라이브방송은 17년 차 쇼호스트계의 베테랑 박창우 쇼호스트와 함께하는 출시방송으로 준비했다.

박창우 쇼호스트는 매번 새로운 화장품을 다양하게 접하는 동료 쇼호스트들에게도 제품을 선물해가며 인스타 피드 리뷰와 적극적인 홍보에 참여해주었다. 쇼호스트분들이 쉽게 응해주는 부분은 아니지만, 박창우 쇼호스트 덕분에 직접 사용해보신 분들은 제품력, 살구향, 용기 등이 너무 예쁘고 좋다며 극찬해주었다. 그 덕에 프로페셔널한 발레브 피드 사진들을 얻을 수 있었고 나는 힘을 얻어가며 열심히 에스테틱 숍, 스파 숍에 홍보하고 판매에 힘

쓰고 있었다.

수입 화장품을 알리기 위해서는 일정 시간이 필요하다. 최소 홍보 기간만 3년 이상이 걸린다는 사실을 뷰티업계 일하시는 분들은 알고 계신다.

대기업처럼 홍보나 마케팅 비용을 크게 쓰지 못하는 중소기업의 애로사항이기도 하다. 그런데도 수입화장품은 시간이 지나면서 브랜드의 포지셔닝이 생기고 마니아층도 생기므로 독점 유통이라는 메리트를 무시할 수는 없었다.

수입할 때마다 매번 비싼 항공료를 지불해가며 신선도 유지를 위해 자주 수입하는 만큼 꾸준한 판매량이 늘어나길 기도할 뿐이다.

지난 《뷰라판》 58페이지에도 기록했지만, 수입화장품을 시작하시는 분들의 막연함에 도움을 드리고자 화장품 수입절차에 대해 다시 한번 언급하려 한다.

화장품 수입

화장품 수입을 체결하고자 하면 사전에 실제 제조하는 제조사에서 세 가지 서류(제조증명서, 판매증명서, BSE증명서)가 발급 가능한지(발급 불가 시 수입이 불가능)확인한다.

1. 화장품 수입절차

① 화장품 책임판매업 등록 : 화장품을 수입해 판매(유통)하는 곳에서 등록한다. 화장품 책임판매업자의 조건이 생각보다 까다로우니 인터넷서 잘 검색해서 해당 조건에 맞추기 바란다.

② 수출자 혹은 제조자에게 받아야 하는 서류(이때, 배합한도초과나, 금지성분이 있는 경우에는 수입이 안 된다)

* 제조증명서 : 제품의 성분명 함량 규격 등이 기재되고 제조사의 책임자가 사인하고 공증(Notary Public)을 확인받아야 한다. 국가기관, 상공회의소, 관련 협회 (화장품협회)에서 확인한다.

* 판매증명서(CFS) : 제조국에서 문제없이 자유롭게 팔리고 있다는 것을 증명하는 서류로 국가기관, 상공회의소, 관련 협회 (화장품협회)에서 발급받는다.

* BSE Free Certification : BSE 관련 성분을 사용하지 않았다는 미사용 증명서로, 제조사 책임자가 사인하고 공증(Notary Public)을 받아야 한다. 국가기관, 상공회의소, 관련 협회(화장품협회)에서 확인한다(BSE 미감염 증명서는 BSE 감염되지 않은 동물에서 사용했다는 증명서, 국가기관에서 발급된 것만 허용).

③ 서류가 준비되면, 제품을 주문한다(준비된 서류로 주문 전에 표준 통관 예정보고서를 신고해 원료의 성분 및 서류의 이상 없음을 확인하고 주문하는 것이 좋다).

④ 인보이스를 받아 송금하고 운송 일정을 협의하고 포워딩에

운송하도록 한다(화장품의 경우 대부분 EX 조건으로 수입한다).

⑤ 표준 통관 예정 보고서를 작성한다. 해당 품목이 최초 수입인 경우, 의약품 수출입협회에 판매증명서, BSE 증명서, 제조 증명서를 제출한다.

⑥ 수입 통관 후 제품을 수령한다(통관은 자가 통관해도 되고, 관세사를 통해 진행해도 된다).

2. 화장품 수입 후 사후 절차

① 통관해서 받은 제품을 제조번호(LOT 번호) 별로 품질 검사(시험)를 한다. 간혹 같은 제품이라도 제조번호(LOT 번호)가 다른 제품이 수입되면 각각 품질검사를 받아야 하니 수출자에게 사전에 같은 제조번호(LOT 번호)의 제품을 요구하자.

* 일반 화장품 : 내용량, PH 각종 중금속시험, 화장품 종류에 따라 시험 항목이 상이하다.

* 기능성 화장품 : 일반 화장품과 동일하나 기능성 원료에 대한 배합량 시험이 추가된다.

② 시험 결과가 적합하다고 나온 경우, 국문 라벨을 부착해 제품 판매가 가능하다. 적합 판정을 받을 경우, 해당 시험 성적서를 보관해야 하며, 부적합 판정을 받을 경우, 해당 제조번호 (LOT 번호)는 판매 금지된다. 전량 쉽백(Ship Back)하거나, 폐기물 업체에 위탁해 폐기되었다는 증빙자료를 보관해야 한다.

③ 수입관리 기록서, 품질관리 기록서를 작성해서 비치 보관한다(화장품 책임판매업자의 준수사항).

수입기록 관리서 상세항목

1) 제품명
2) 원료성분의 규격 및 함량
3) 제조국, 제조회사명 및 소재지
4) 기능성 화장품 등 심사결과 통지서
5) 제조 및 판매증명서
6) 한글로 작성된 제품 설명서 견본
7) 최초 수입 연월일(통관연월일)
8) 제조번호별 수입(통관) 연월일 및 수입량
9) 제조번호별 품질검사 연월일 및 결과
10) 판매처, 판매 연월일 및 판매

라이브커머스 후 찾아온 뷰티 공동구매

　2014년부터 하루도 빠짐없이 꾸준히 실행하고 있는 SNS 마케팅! 요즘은 그 파워를 톡톡히 보고 있다. 매달 문의가 오는 신규 거래처가 바로 그 증거였다. 그리고 주1~2회 1년째 꾸준히 하는 라이브방송은 나의 비즈니스 핵심이 되어버렸다.

　감사하게도 에스테틱 업계에서는 독보적으로 내 채널과 내가 직접 출연하는 라이브방송이기에 많은 분께서 응원과 격려를 해주셨다. 나 자신과의 약속, 고객님과의 약속이므로 꾸준히 실행하려고 노력 중이기 때문이다.

　업무용 핸드폰으로 전화 한 통이 왔다. 내가 취급하는 브랜드 제품을 구매하고 싶다는 신규거래처의 전화였다. 나는 별 기대 없이 사업자 확인 후 선 결재를 받고 도매가로 제품을 보내드렸다.

그 후로 이틀 뒤 주문량은 첫째 날 40개, 둘째 날 80개, 셋째 날에는 100개 이상의 수량이 판매되었다.

지방에서 에스테틱을 운영하던 원장님이 아이를 키워야 하는 워킹맘의 고충에 집에서 기존 고객들과 인스타그램 홍보를 통한 뷰티 공동구매(이하 공구)를 시작한 것이다.

나에게 연락이 올 때쯤엔 공구 4년 차라 어느 정도 단골이 쌓인 후였다. 작년 하반기에는 공구 덕에 온라인 매출도 많이 늘어서 오프라인 영업에도 도움이 되었다.

지금은 뷰티와 아동복까지 확장해 바쁜 나날을 보내고 있는 그 대표님을 보며 많은 자극을 받게 된다. 공동구매의 파워는 내가 실감하기에도 강력했기 때문이다.

같은 제품을 취급하는 지사나 대리점이 전국에 열 군데가 넘는데 내게 연락이 오는 이유는 매일 인스타그램에 홍보하는 나의 성실성이 3040 친구들에게도 귀감이 되는듯하다.

뷰티 셀럽, 뷰티 인플루언서, 뷰티 유튜버의 파워를 무시할 수 없는 세상이 된 것이다. 그녀들은 달력에 공구 아이템과 스케줄을 공개해가며 에스테틱 회사 제품들을 자신의 브랜드만큼 아끼고 공부해가며 판매에 힘을 쓰고 있었다.

나와 아주 친하게 지내는 앤스컴퍼니 대표님께서 어느 날 전화가 와서 내가 취급하는 브랜드를 공동구매하고 싶어 하는 친구가 있다며 인플루언서 한 분을 소개해주셨다.

사실 친하더라도 파트너 소개는 뷰티 업계서 쉽지 않은 일인데 고맙게도 대표님은 선뜻 내게 소개해주신 것이다.

역시 소개는 신뢰가 바탕이 되어 비즈니스가 연결되므로 파트너 친구와도 전화 통화 몇 번에 금방 친해졌다. 우리는 첫 번째 공동구매를 진행하기로 했다. 공동구매 기간 4일, 키트 제품 세트 1과 2를 분류해 한정 수량을 판매하는 방법이었다. 기대하지 않았지만, 첫 오더부터 나쁘지 않았다. 그녀가 공동구매를 진행하는 과정을 봤더니 꼼꼼하게 타 브랜드 공구와 가격, 프로모션 단가, 제품 차별화를 해가며 준비하고 있었다. 오프라인보다 마진이 더 좋은 것은 아니었지만, 그녀들은 판매에 프라이드를 걸 만큼 정성을 다해 노력하는 모습을 볼 수 있었다.

우리가 생각하기에 예뻐서, 피부가 좋아서 관심받고 싶은 사람이기에 그들이 잘한다는 착각은 오산이다. 그들은 나보다 훨씬 더 자주 피드나 인스타그램 하이라이트, 릴스에 업로드를 시키고 제품에 대해 사용 후 장단점을 분석해서 소비자들에게 가장 다가가기 쉬운 문구나 공감이 가는 글로 고객의 니즈를 만족시키고 있었다. 한마디로 엄청난 노력을 하고 있었다. 이 부분은 나 역시 많이 배워야 하는 부분이기도 했다.

한 번에 몇천 개씩 팔린다는 파워 인플루언서의 매출에 처음에는 나도 기죽었지만, 몇 달에 한 번이라도 몇천 개씩 완판시키는 인플루언서보다 지금 우리 회사 실정에는 매달 꾸준히 몇백 개씩이라도 판매해주는 인플루언서들이 더 반가운 파트너인 듯하다.

"뷰티 인플루언서 여러분, 저희 회사 위브씨앤씨의 멋진 파트너가 되어주시겠어요?"

패션 라이브방송까지 카테고리를 넓히다

취침 전, 책을 펼쳐 읽고 있는데 페이스북 메시지로 악어가죽 가방 전문 브랜드 A 대표님에게서 메시지 한 통이 왔다. 그동안 라이크, 댓글 정도 소통하고 지켜보는 사이였기에 무척이나 반가웠다. 대표님은 온라인 폐쇄 몰에 내가 취급하는 화장품 입점을 제안해주셨다. 제안받은 후 나는 대표님과 문자를 나눈 뒤 바로 미팅 날짜를 정했다.

사업 초기에야 쉽게 내 정보나 자료들을 이메일로 보냈지만, 이제는 만남을 통해 상대방의 회사를 자세히 들여다보고 판단 후 업무 진행을 하게 된다. 이게 당연한 프로세스인데 사업 초기에는 나의 마음이 너무 성급했다.

우리는 만나서 회사소개, 브랜드 스토리, 나에게 도움을 줄 수 있는 업무, 내가 도움을 드릴 업무 등을 꼼꼼히 따져본 후 진행하기로 했다. 대표님과 함께 일하시는 파트너 대표님도 홈쇼핑 초기 MD 출신으로 라이브방송 관련 이야기 때는 신나게 공감하며 미팅할 수 있었다.

일이라는 것이 될 수도, 안 될 수도 있으므로 서로에게 좋은 이미지를 남기는 것이 비즈니스에서도 도움이 된다. 그래서 오픈 마인드로 협업하는 스타일의 비즈니스를 선호하게 되었다.

첫 번째 미팅 후, 우리 회사는 폐쇄몰에 내가 취급하고 있는 온라인 제품들을 입점시켰다. 두 번째 미팅의 날이 다가왔다. 제주 감귤 콜라겐이라는 상품을 나에게 보여주며 라이브방송을 요청했다. 그런데 제품을 보는데 특별한 차별화, 매력을 찾지 못했다. 판매를 위한 소구점이 내가 보기에는 너무 미약했다.

대표님의 미팅 장소가 쇼룸이었기에 여기저기 악어 가방을 구경만 하고 있는데 고민하는 나의 표정을 읽으시고는 얼른 핸드백 하나를 꺼내 "대표님 선물이야" 하며 내게 건네주었다.

화이트 소가죽에 포인트 컬러, 라임, 오렌지, 핫핑크, 화이트 등 4가지 종류의 핸드백은 봄 시즌부터 여름 시즌까지 들고 다니기에 어울렸고 너무나 예쁘고 실용적이었다.

"대표님. 감사해요. 잘 들고 다닐게요" 하고 인사를 나누고, 다음 미팅 장소로 가는 길에 '이 핸드백을 한번 해볼까?'라는 생각이 들었다.

뷰티 쇼호스트에서 패션 쇼호스트까지, 생각만 해도 신나고 행복해졌다. 함께 라이브방송 진행을 하는 쇼호스트 소미에게 나의 아이디어를 이야기했고, 소미도 아주 좋아해서 우리는 바로 다음 주 라이브방송으로 핸드백 방송을 준비했다.

이번 일을 진행하면서 '프로는 프로가 알아본다'라는 이야기처럼 업무 진행에 있어 비즈니스 코드가 잘 맞는 회사와는 모든 일이 일사천리로 진행됨을 느낄 수 있었다.

매주 화요일은 뷰티 전문채널 비욘VYON 라이브방송 데이다. 저녁 8시부터 9시까지 1시간 동안 진행하고 있다. 나의 라이브방송을 통해 뷰라셀 원데이 클래스를 배우신 분들이 게스트로 데뷔를 하기도 하고 자신의 채널을 오픈해서 라이브방송을 시작하기도 한다.

이날은 MTS를 온라인 판매를 하는 나의 친구도 라이브방송 진행에 관심 있어 관람하러 왔다. 핸드백 대표님은 긴장된다고 말씀하셨지만, 막상 시작하자마자 나와 소미 원장의 진행에 맞춰 차분하게 그리고 전문가답게 소비자들에게 잘 설명하셨다.

1시간을 서서 진행하는 방송이다 보니 다른 뷰티 방송 시간보다 에너지 소비도 만만치 않았고, 방송 중 갈증이 나서 물을 마시다가 가방에 엎지르기도 했다. 다행히 나의 애드리브로 그 장면은 능숙하게 넘어갔다. 방송시간의 매출은 300만 원 이상으로 잘 나왔고, 우리는 보람을 느끼며 환하게 하루를 마무리했다. 사실 그날 방송의 유입 수도 다른 때보다 훨씬 적은 인원이었지만, 매출은 높았다. 가방의 판매 단가가 있다 보니 생각보다 좋았던 것이다. 패션이라는 아이템을 처음 접했지만, 자신감을 얻은 하루였다.

그 후로도 꾸준한 문의와 함께 소소한 판매가 이루어졌고 2번째 라이브방송 일정을 잡게 되었다.

인스타그램 핫 브랜드 마르헨제이 뮤즈 인터뷰 촬영

어떤 이들은 간혹 내게 인플루언서가 아니냐는 질문을 한다. SNS에 노출도 많이 되고 가끔은 매거진이나 신문기사도 피드에 올라오기 때문이다.

2023년에도 비건 패션브랜드 '마르헨제이'와 두 번째 인연을 맺게 되었다. 인스타그램에서도 눈여겨봤던 브랜드였고, 디자인도 예쁘고 실용적이어서 마르헨피플 뮤즈 촬영에 연락이 왔을 때 망설임 없이 바로 촬영에 임하겠다고 답변을 드렸다.

평상시 라이브방송 전, 패션이나 스타일을 눈여겨보셨던 잡지사 이사님께서 나를 '패셔니스타'로 추천하셨다는 거였다.

촬영 당일 완전한 메이크업을 받고 나름 의상도 신경 써서 촬

제가 생각하는 최고의 피부관리는 잘 만들어진 제품
으로 꾸준한 홈 케어를 사용하는 방법이 아닌가 싶
어요. 20대부터 꾸준히 아이크림을 사용해서 인지
또래 비해 눈가 주름이 없는 편이에요. 시술을 받거
나 에스테틱을 다닐 시간적 여유가 없어 홈 케어로
관리하고 있어요. 사업은 체력이더라구요. 건강한
식품을 만들어 먹고 틈틈이 운동도 겸하고 있습니
다.

"이제 언택트 세상이 됐습니다.
이런 시기에 사업에 대해
시도조차 하지 못하신 분들이
많을 거에요. 싱글맘, 워킹맘, 투잡을
원하는 모든 분들에게 전합니다.
'용기'와 '도전 정신'만 있다면
누구나 할 수 있어요.
지금 당장 시작하세요."

출처 : 메르헨피플

영장 스튜디오로 향했다. 인터뷰 사전 질문지는 며칠 전 받아서 내용을 넘긴 상태였고 사진 촬영만 하는 거였다. 생각보다 재미있었고 콘셉트에 맞게 포즈를 잘 취해서 30분 만에 촬영을 마쳤다. 촬영 후 사무실로 돌아오는 길이 아쉬울 만큼 재미있었다.

2023년 3월, 마르헨피플 7번째 뮤즈로 '위브씨앤씨 이수진 대표'라는 기사가 나왔다. 브랜드마케팅치고 고 퀄리티였으며 브랜드 마니아들에게 신뢰를 줄 수 있는 뮤즈 이벤트는 나 역시 마케팅으로 응용해볼 만한 것 같아 기사 내용을 눈여겨봤다. 무엇보다 마르헨뮤즈 8번째 주인공이 〈범죄도시〉, 〈카지노〉의 강윤성 감독이었기에 업종은 다르지만 같은 인터뷰 대열에 섰다는 사실만으로도 영광이었다.

내가 나이 10년만 어리고 지금처럼 끼를 부렸다면 '미시모델 도전'이라도 해보지 않았을까 싶은 상상의 나래를 펼치며 혼자 흐뭇한 미소를 날리는 시간이었다.

기대 가득, 블링블링 주얼리 방송

연예인 드라마 협찬을 80편 이상했다는 오엘라주얼리 마케팅팀에서 라이브커머스를 하기 위해 우리 사무실로 찾아왔다.

강남의 대형회사 채널도 많은데 굳이 뷰티 전문채널 비욘 VYON에서 라이브방송을 하기 위해 찾아오셨다. 우리 채널을 오신 이유는 내가 꾸준하게 신뢰성 있게 진행한다는 소개를 받았기 때문이었다.

　오엘라주얼리 문 대표님은 직접 주얼리를 제조, 디자인하시고 중간 유통을 거치지 않고 직거래 판매를 하셨기에 소비자에게 고 퀄리티 제품들을 합리적인 가격에 선보일 수 있다는 장점이 있었다.

　믿고 찾아오신 만큼 라이브방송 판매에 대한 부담감도 있었다. 쇼호스트들과 사전회의하고 SNS 홍보도 해가며 방송을 시작했다.

　솔직히 워낙 비즈니스 미팅을 많이 경험해서인지 난 주얼리 라이브방송이 어느 정도 잘 판매될 거 같은 예감이 들었다. 나의 예감은 틀리지 않았고 1시간 동안 150만 원 이상 판매되었다. 의뢰해주신 업체는 수출자료라든지 백화점 입점서류용으로 라이브방송을 생각했기에 우리 채널서 계속 라이브방송 진행을 원했다. 나 역시 오엘라주얼리 덕에 새로운 경험을 하게 되어 감사한 시간이었다

페이스모아 시트마스크의 위력

　《뷰라판》이 출간되고, 2021년 상반기에 우리 회사에 제안이 하나 들어왔다. '2021 슈퍼인플루언서대회'에 '페이스모아 시트마스크'를 협찬해달라는 것이었다. SNS 홍보의 중요성을 충분히 알고 있었기에 나는 제안해주신 대표님을 믿고 500만 원 상당의 제품을 협찬하기로 했다.

　전국에 감각적이고, 센스 있는 미모의 후보 친구들이 대회 진

행 기간 '페이스모아 시트마스크'를 사용하고 본선 경합 때 세일즈 포인트를 발표하는 시간이 있었다. 대부분의 참가자들이 위브씨앤씨의 마스크팩을 좋아하게 되었다고 한다.

인스타그램에서 나를 팔로우하고 있었던 어느 후보는 대회 날 나를 바로 알아보고서 "대표님. 마스크팩은 페이스모아가 최고예요"라며 반갑게 인사를 하고 가기도 했다.

협찬의 영향력이 도움이 되어 협찬한 마스크팩의 판매는 점점 늘어났고, 공장에서도 5만 장 생산량을 10만 장으로 늘릴 수 있도록 나에게 제안했다.

처음에는 1만 장조차 판매하는 속도가 6개월 정도 걸렸는데 어느 순간 한 달에 1번 정도 생산하는 속도가 되더니 이제는 인기 아이템으로 자리 잡았다.

출처 : 저자 제공

이렇게 협찬해서 도움이 되는 경우가 있지만 나쁜 케이스도 있어서 알려드리고 싶다. 미인대회나 기업행사의 협찬품으로 가끔 제안들을 받는다. 제안한 회사들의 파트너이자 협업을 위해 작은 회사지만 몇백에서 몇천만 원의 협찬들을 결정한다. 더 나은 브랜드 홍보를 위해서다. 그러나 간혹 파렴치한 회사들의 만행에 짜증이 나기도 하다. 제품 홍보를 해주고 협찬하기로 했는데 홍보 사진을 전혀 안 주고 행사 끝난 뒤 고맙다는 인사말조차 없는 양심 없는 인간들도 봤다. 심지어 나의 협찬품을 다른 곳에 판매해 돈을 챙기는 곳도 있었다. 비즈니스는 사람으로 연결되고, 결국 그들은 사람들의 인식에 나쁜 이미지로 남는 사기꾼이 되어 있음을 모른다는 사실이 안타까울 뿐이다. 나의 돈이 중요한 만큼 남의 돈도 소중함을 명심하자.

나는 대학생인 큰아들의 여름방학만을 기다렸다. 대학에서 배운 온라인 쇼핑몰에 대한 궁금증이 많았던 아들은 나의 비즈니스에 드디어 관심을 가지기 시작했다.

진정 마스크팩의 대명사인 페이스모아 시트마스크가 많은 분에게 사랑을 받으며 생산량도 늘어나고 수출 물량도 조금씩 나아지면서 나는 해외 온라인몰인 아마존 입점을 계획하게 되었다. 이런저런 복잡한 서류가 있어서 아들에게 제대로 된 아르바이트 업무를 주기 위해 아마존 입점을 시도해보라는 업무 지시를 내렸다. 솔직히 서류 문서 업무에 약한 나는 아들이 아니어도 누군가에게는 맡겨야 하는 상황이었다. 아들에게도 업무 배우기에는 좋은 기회였다.

아들은 입점 서류들을 꼼꼼히 챙겨 이메일로 보냈고, 며칠 후 우리는 아마존 입점 연락을 받았고, 페이스모아 시트마스크를 아마존에 등록시켰는데 거절당했다. 이유는 그사이 페이스모아라는 브랜드를 해외에서 국제상표 등록해버렸기 때문이다.

나는 또 한 번의 실수를 하고 말았다. 그리고 내가 컨설팅하게 된 업체들이 해외 시장에 진출할 때 이 부분을 미리 체크하라고 알려드렸다.

페이스모아 시트마스크의 국내 디자인뿐만 아니라 해외에서도 인기 있는 디자인으로 수정작업도 함께 진행하며 다시 아마존 등록을 준비하고 있다.

많은 거래처분이 믿고 구매해주시는 만큼 해외에서도 꾸준히 사랑받는 아이템으로 키우고 싶은 마음에서다.

PART 07

온라인마켓 확장은 어디까지일까요?

SNS의 소중한 인연

매주 라이브방송 메이크업을 받기 위해 청담동에 있는 엘페라 미용실을 방문한다. 오래 다니다 보니 헤어숍 대표님의 배려로 연예인 가격에 헤어와 메이크업 스타일링을 받을 수 있게 되었다. 7년 이상 나의 메이크업을 담당하시는 우리 원장님과 아들 같은 규현 선생님이 그날의 의상이나 라이브방송 콘셉트를 물어보고 최대한 빛날 수 있는 스타일 연출해주신다.

아무래도 50대란 나이도 있고 전문가로서 자료도 남겨야 하기에 화려한 연출은 내게 필수 코스가 되어버렸다. 작은 투자였지만 꾸준한 투자로 이번 책을 쓰면서 자료 걱정은 하지 않게 되었다.

어느 날, 메이크업 담당 실장님 한 분이 "대표님 혹시 진주 동방호텔 가셨어요?"라고 물었다.

"아! 네. 작년에 라이브방송 원데이 클래스를 하러 갔었죠."

"그러시구나! 제가 진주 사람이거든요."

평상시 그녀는 차도녀(차가운 도시 여자) 이미지였기에 사적인 이야기를 나눠본 적이 없었다. 그런 그녀가 인스타그램 #동방호텔 검색을 하다 나를 보게 되었고 내가 단골이었기에 확인하고 싶어 했다고 했다.

더 신기한 인연은 김포 이사 와서 처음 사귄 18층 동생이 진주 이사가 커피숍을 운영하는데 그 장소가 동방호텔 피부숍과 가까워 내가 두 사람을 인사시켜줬다.

그 외에는 SNS 덕에 진주, 사천에는 나와 거래하는 숍 원장님들이 몇 분 계신다. 참 신기하고 묘한 인연이기에 매 순간 착하게 잘 살아야 한다는 생각이 든다.

《뷰라판》에서 언급했듯이 배우 이태성 어머니, 박영혜 씨와도 좋은 인연을 이어가고 있다. 거래처 방문 미팅하러 갔다가 나는 그녀가 운영하는 안산의 식당에서 점심 하기 위해 방문하게 되었다.

맛있는 점심을 먹고 차 한잔 나누며 일상을 공유하던 중 배우 이태성 씨가 취미로 그림 활동을 많이 하고 있다는 소리를 그녀에게서 전해 듣게 되었다. 나는 순간 "미술관 전시를 한 번 열어보는 건 어때요?"라고 말을 건넸다. 희한하게도 그 후 몇 달 뒤 이브자리 '이브갤러리'에 나의 추천으로 배우 이태성 씨가 첫 개인전을 열게 되었다. 전시는 1주일가량 삼성동 '이브갤러리'에서 열리게 되었고, 배우 이태성에서 작가 이태성으로 성장하는 과정을 경험하고 탄생한 것이다. 다행히 첫 개인전은 성황리 잘 마쳤다.

전시회 이후로 2023년 8월까지 7개의 전시를 추천받아 뉴욕, 일본까지 진출할 계획이라고 한다. 여유시간이 생기거나 머릿속 힐링을 위해 취미로 미술관을 찾아다녔고 작품 감상의 눈을 키우는 중인데 소중한 인연을 맺은 또 하나의 기회를 얻었으니 나 역시 기뻤다.

우리 사무실 한쪽에도 이태성 씨에게 부탁한 작품 하나가 자리 잡고 있다. 〈#결이 되어 7〉은 8개월 동안 기다리다 만난 아주 귀하고 소중한 아이다. 화장품을 무에서 유로 창조하듯이 예술작품도 무에서 유를 얻는다는 것은 엄청난 노력과 고통이 따른다. 그런 창작의 고통으로 성장하고 있는 작가 이태성을 응원하게 된다.

'미우새 어머니'로 대중들에게 얼굴을 알리며 우아한 미모의 소유자 박영혜 님은 63세 나이로 올해 첫 단편영화 〈짜장면 고맙습니다〉의 단편 영화감독으로 데뷔하셨다. 데뷔 자체도 놀라웠는데, 극장 개봉 전부터 '페루리마 웹페스트 페스티벌 어워즈 공식 초청작 확정', '미국 LAWEBFEST 공식 특별초청작'으로도 선정되었 다고 한다.

갑작스러운 영화감독 데뷔에 깜짝 놀랐는데 평소 글쓰기를 좋아하시고, 어릴 적 무용을 전공하신 아티스트의 끼를 60세가 넘는 나이에도 발휘하시는 멋진 여성이기도 했다. 그녀의 도전과 폭풍 성장에 긍정적 자극을 받지 않을 수 없다. 또 꾸준히 틈나는 대로 라이브방송 비욘VYON 채널에 들어오셔서 응원을 해주시는 나의 고객님이기에 감사하지 않을 수 없다.

내가 좋은 마음을 먹고 예쁘게 살아가다 보면 좋은 인연은 반드시 내 주위에 생긴다는 확신이 드는 순간들이었다.

"수진 대표. 내가 그리퍼 신청을 해보고 싶더라고…."

라이브방송에도 관심이 많은 그녀가 내게 이렇게 이야기하길래 라이브방송 출연 기회를 한번 드려볼까 싶어 12월 REGO 사의 캐시미어, 실크스카프 라이브방송을 함께하자고 제안했다.

스스로 헤어와 메이크업을 우아하게 하시고 라이브방송에서 소싯적 별명 '스카프'라는 소리가 무색하지 않게 스카프 활용법 등을 소개하며 감각 있게 방송했다.

나이는 숫자에 불과하다는 명언처럼 박영혜 여사님의 도전은 60세 이상의 꿈을 꾸며 성공하고픈 분들의 롤모델임이 틀림없다.

박영혜 님이 보내주신 글

내 나이 예순도 지났을 때, 뒤늦게 인스타그램을 시작한 나는 그 속에서 남들의 삶을 엿보는 재미에 빠져 있었다. 그러다 우연히 들어가서 보게 된 이수진 대표의 피드들은 그녀가 얼마나 열심히 생활하고 있는지가 한눈에 보여지고 있었다.

때마침 내가 필요했던 화장품을 판매하는 그녀의 스마트스토어 비욘VYON까지 찾아 들어가서 첫 주문을 했고, 그렇게 우리는 인연이 되었다.

어떻게 그 많은 일을 빈틈없이 척척 해내고 있는지 동생이지만 존경스럽기까지 하다. 《뷰라판》을 읽으며 그녀의 삶을 이해했고, 이제 그녀의 뷰라판 2《뷰티 라이프 솔루션을 판다》를 읽으며 그녀의 비전을 보게 되리라 기대한다.

> 남들보다 한발 앞서 시대의 흐름을 파악하고,
> 남들보다 한잠 덜 자며 부지런하고,
> 남들보다 한 번 더 생각하고 계획하고,
> 남들보다 한 번 더 열정으로 도전하고,
> 그렇게 남들보다 한 걸음 앞서가는 이수진 대표에게
> 격려와 박수를 보내며 두 번째 저서도 기대해본다.

의류 쇼핑몰에서
코스메틱 아이템을 찾아오다

    SNS 채널 중 가장 손쉽게 짧은 글, 쇼트 클립, 해시태그, 사진 한 장으로 쉽게 어필할 수 있는 인스타그램은 코스메틱이나 패션 업을 하는 사람들에게는 이제 필수 홍보 채널이 되었다.

    2022년 1월의 어느 날, 인스타그램 DM으로 내가 판매하고 있는 에셀로비앤씨 쿠션을 판매해보고 싶다며 울산에서 옷 가게를 운영하는 20대 여사장님이 연락이 오셨다.

    의류 매장을 운영하는 데 사장님이 직접 사용하는 화장품들에 관심이 많아 고객들이 사용해보고 싶다고 문의를 했다고 한다. 제품을 공급받을 수 있는 대리점을 찾다가 나의 인스타그램 홍보 글을 보고 연락을 했다고 한다.

    신제품이 출시되면 열정적으로 홍보하는 나의 인스타그램 피드가 한몫한 셈이다. 온라인으로의 신규 고객을 창출한 케이스다. 나는 반갑게 그녀의 연락에 응대했고 사업자등록증을 받은 후 제품 구매 기본 수량, 프로모션, 공급가격, 소비자가격, 제품 정보 등 상세페이지를 전달하고 첫 거래를 하게 되었다. 그 이후 지금까지도 자주는 아니지만, 가끔 주문하는 나의 소중한 거래처가 되었다. 이를 계기로 온라인상서 개인 쇼핑몰을 운영하는 다른 사장님들과 거래를 할 수 있게 되었다. '쭈블리'로 활동하고 있는 20대 예쁜 사장님 덕에 좋은 인연이 생긴 것이다.

뷰티, 패션, 액세서리는 내가 창업컨설팅 때 느꼈지만 매우 밀접한 관계가 있다. 사업 확장, 연결성으로 좋은 케이스인 듯하다. 내가 알기에는 업종마다 마진율, 재고량, 입고 수량이 다르므로 거래를 시작할 때 도매상과 잘 상의 후 진행하길 바란다.

무엇보다도 《뷰라판》에서 언급했듯이 나의 아동복 의류사업 경력이 많은 도움이 되는 것 같다. 지나고 보면 세상에는 쓸모없는 경험은 없다는 명언을 인식시키는 시간이었다.

10년 차, 이 사업을 하다 보니 많은 일이 일어났다. 나는 B2B, B2C로 여러 거래처와 고객님들을 직접 응대하게 된다.

8년 만에 연락이 와서 "아직도 사업하시네요"라며 반갑게 구매 연락을 주시는 고객님들도 계시다. 다른 업종 업무를 하다 본인이 구매해서 사용해보고, 좋은 제품들을 주위 지인들에게 추천하다 소소하게 부업으로 판매를 시작하는 분도 계신다.

아기를 키우느라 몇 년째 SNS만 지켜보다가 오픈할 때 도움받기 위해 찾아오는 분도 계신다. 잊지 않고 찾아와주시고 또는 연락해주신 것도 기쁘고, 감사하다.

뷰티 업계에서 10년 이상 사업하다 보니 나름 전문가라고 인정해주시고 의지하시려는 분들에게 나 역시 도움을 주고, 가진 것을 베풀려고 노력한다. 묵묵히 제 자리를 잘 지켜나가고 있다는 뜻으로 해석하고 더 노력하며 발전하고 싶다.

라이브스튜디오
비욘VYON을 오픈하다

1년 전만 해도 '라이브방송을 계속할까? 아니면 다시 시작해야 하나?'를 고민했다. 장비도 모르고 스튜디오도 없었고 나의 스마트스토어도 라이브 하기에 활성화를 시키지 않은 상태였다. 그만큼 아무것도 준비되지 않은 무에서 다시 시작하기로 한 것이다.

쇼호스트들에게 물어서 라이브에 적합한 스마트폰도 바꾸고 스튜디오 조명, 마이크를 구매했다.

그리고 네이버 스마트스토어 새싹등급을 만들기 위해 노력했다. 1개월 내 100건의 구매 200만 원 이상 매출이 있어야만 라이브방송을 할 조건이 갖춰지는 것이었다.

다행히 나에게는 자사 브랜드 마스크팩이 있어 1박스 구매 외 낱장 구매 1장 3,000원 단가 체험분(1인 1매 구매 가능)을 구매하게 했다. 생각보다 많은 분이 빠른 시기에 체험분 신청을 하셨고 다행히 1개월 안에 라이브방송 조건을 맞출 수 있었다.

라이브방송 시작 처음에는 방송에 많이 유입되는 시간을 체크하기 위해 호텔에서 1박을 해가며 룸 라이브방송을 했다. 친구의 사무실을 빌려서 방송시간대와 요일을 바꿔가며 다시 시작한다는 마음으로 그립 라이브부터 진행을 시작했다. 방송하고 나면 뿌듯하긴 했지만, 다음은 '어디서 진행하지? 어떤 콘셉트로 준비하지?'라는 고민을 하게 되었다. 그러던 중 지인의 소개로 압구정동에 오픈한 렌탈스튜디오 대표님을 소개받았다. 라이브방송 진행은 그곳에서 하기로 결정하고 매주 1~2회씩 진행해나갔다.

한 달에 적게는 50~60만 원, 많게는 100만 원 가까이 렌탈비를 내가면서 라이브방송을 하고 있었다. 라이브방송 준비의 편리함도 있었지만, 이 정도 금액이면 나의 사무실 준비도 해보자는 생각이 들어 열심히 라이브방송을 하며 돈을 모으기 시작했다.

평상시 은행 대출금을 착실하게 잘 갚았더니, 어느 날 단골 은행에서 추가 대출을 해준다는 소식을 전해 들었다. 제품대금, 여유자금은 넉넉할수록 좋은 내 입장에서는 추가 대출금을 미리 받아놓기로 했다. 막상 대출금이 통장으로 들어오니 고민만 하고 있었던 스튜디오 겸 미팅 사무실을 하나 얻을까 하는 생각이 들어 며칠을 이리저리 알아봤다. 집 근처 신축 지식산업센터를 얻게 되었다. 그곳이 지금의 라이브스튜디오 비욘VYON이다.

　문을 열고 들어서면 탁 트인 창가가 내 마음에 쏙 들었고 저렴한 월세, 관리비가 스튜디오 운영에 부담 없어 보여 바로 계약했다. 나의 힘으로 얻은 첫 번째 사무실인 만큼 기쁨도 컸다. 계약서를 쓰고 텅 빈 사무실로 돌아와 그동안 고생했던 나 자신을 생각하니 나도 모르게 눈물이 주르르 흘러내리기 시작했다. '이곳에서 꼭 성공해서 다음에는 건물주가 되리라' 하는 결심을 마음속으로 다짐했다.

　최대한의 비용을 아껴야 했기에 10일간의 간단한 인테리어 공사를 마치고 새로운 마음으로 새로 구매한 예쁜 가구들로 사무실을 꾸려나갔다. 신혼살림을 준비하는 마음처럼 하나씩 예쁘게 채워져 가는 공간이 마냥 뿌듯하고 흐뭇했다.

　큰돈을 들이지 않고 알뜰하게 꾸미기 위해 공사 기간에는 여러 곳의 소품 숍들을 돌아다니며 발품 팔기도 했다.

　라이브스튜디오 비욘VYON에서는 라이브방송 외 라이브커머스 원데이 교육, 뷰티 SNS 마케팅 교육, 뷰티 스마트스토어 교육, 뷰티 쇼호스트 양성 등 '#뷰티'라는 아이템으로 비즈니스를 알아가는 분들에게 꼭 필요한 교육만을 진행하고 있다. 그러다 보니 뷰티를 하고 싶어 하는 쇼호스트들의 지원이 들어오기 시작했고,

뷰티 라이브채널만큼은 대한민국 1등 채널로 키우고 싶다는 꿈이 생겼다.

온라인 세상이 빠르게 급변화하듯 트렌드에 맞춰 국내외뿐만 아니라 해외시장에는 진출하겠다는 생각에 아들의 도움으로 해외 사이트 아마존 입점 시도 국내 사이트 쿠팡 입점, 블로그 마켓 등록, 인스타 마켓 등록 등 온라인 판매 채널도 늘리기도 했다.

향후 1년 뒤를 알 수 없는 것이 인생이기에 뷰티라는 아이템에 서만큼은 밀리고 싶지 않은 바람이다.

출처 : 라이브스튜디오 비욘VYON

PART 08

대한민국 워킹맘,
아이돌 연습생
맘입니다

———————

워킹맘과 아이돌 연습생의 엄마로 살아남기

"아이돌? 그거 아무나 하나요?"

"쉽지 않을 텐데…. 고생이네! 서울대 들어가기보다 더 어렵다는데."

내가 생각하는 아이돌의 삶도 현실에서는 만만치 않은 삶이었다. 둘째 아들 재호가 초등학교 3학년 때 우리 집은 강남서 경기도 김포로 이사와야 할 만큼 힘든 시기였다. 경제적 여유가 없었기에 아이에게 사교육을 시키기란 어려운 상황이었다.

우리 부부가 맞벌이하러 나간 사이 재호는 하교 후 혼자 집에서 보내는 시간이 많았다. 그 여유시간들을 유튜브 시청, 온라인 게임 등을 하며 놀다가 보내는 시간으로 가득 채울 수밖에 없었다. 학교 방학 때마다 친정 부모님의 배려로 외갓집 여수로 보낼 수밖에 없었고, 여수에서도 그냥 특별한 일없이 집안에서 시간을 보내며 동갑내기 사촌들과 지내다 돌아오기 일쑤였다.

그때가 재호에게 가장 마음 아프고 미안한 순간들이었다. 나중에 들은 이야기지만 재호는 공부가 재미있었고, 친구들 학원 다니는 시간이 무척이나 부러웠다고 했다. 그리고 음악에 소질이 있는 아이였음을 소속사 선생님들의 개인지도 시간을 통해 알게 되었다. 부모로서 미안함과 죄책감뿐이었다.

여수서 방학을 보내고 있던 어느 날, 아이돌 음악과 춤을 아주 좋아하는 사촌 누나의 권유로 함께 안무를 맞춰 동영상 한 편을 찍었다. 이 동영상 한 편이 재호 인생에 특별한 기회로 다가올 거라는 생각은 그때는 누구도 예상하지 못했다.

사촌 누나랑 외갓집 근처 공원서 찍은 춤 동영상을 인스타그램, 유튜브에 업로드했고, 이 피드를 본 여러 기획사에서 재호의 실물면접 오디션을 보러 오라는 연락을 받게 되면서 재호에게 아이돌로 향하는 문이 열리게 되었다.

학원을 한 번도 다니지 않았기에 노래, 춤, 랩 실력은 턱없이 부족한 상태에서 오디션만 스무 군데 가까이 봤다. 그러다가 우리가 아는 BTS 소속사 오디션을 보고 나오는 길에 재호가 소속사 담당자분께 질문했다고 한다.

"저 궁금한 게 있는데요. 혹시 제가 어떤 부분이 부족한지 말씀 주시겠어요?"

당당하게 간절한 눈빛으로 질문하는 모습을 보고 관계자님은 한참을 고민하다 "재호 네가 외모는 어느 정도 되어서 우리가 연락은 한건데, 춤, 노래, 랩 실력은 배우지 않으면 연습생이 되어서도 따라가기 힘들 거야. 내 생각에는 기본기를 배우고 다시 오디션에 응하면 어떨까 싶어"라고 말했다고 한다.

엄마인 내가 들어도 그 말씀은 충분히 공감되었다. 초등학생 재호에게 학원비 한 번 투자를 안 했으니 재호가 오디션을 낙방했을 때의 미안함이란 부모로서 창피하고 무책임함에 마음이 미어지도록 아릴 수밖에 없었다.

학원을 보내야겠다고 며칠 동안 고민한 후 나는 아이가 원하는 댄스학원을 보내기로 마음먹었다. 재호에게 직접 댄스학원을 알아보라며 과제를 내주었다. 자신이 원하는 일이니 처음부터 혼자 알아보고 결정하는 힘을 길러줘야겠다는 생각이 들어서였다.

재호는 며칠 뒤 자기가 가고 싶은 강남의 모 댄스학원을 검색해서 나에게 이야기했다. 그 학원으로 나와 함께 방문하게 되었다. 학원 여기저기 실내를 둘러보고 괜찮다 싶은 마음에 난 미련 없이 바로 댄스학원에 등록시켜주었다. 토요일마다 김포에서 강남역까지 지하철을 2번 정도 갈아타고 찾아다니며 춤 연습을 했다. 주 1회씩 10주 정도 댄스학원에 다니고 있을 때였다. ○○엔터테인먼트 신인개발팀에서 재호의 춤 연습 영상을 보고 마음에 들어 해 아이돌 연습생으로 계약하게 되었다.

2022년 7월 7일, 자신이 꿈꾸던 아이돌 연습생으로 소속사와 계약을 한 것이다. 수백 명 사이 경쟁률을 뚫고 아이돌 연습생이 되었다니 나 역시 실감이 나지 않았다. 매일 밤늦은 픽업으로 나 역시 예전보다 훨씬 바빠졌고 체력적으로 많이 힘이 들었지만, 재호 소식을 들은 지인들은 좋은 일이라며 재호 앞날을 힘차게 응원해주었다. 시간은 어느새 8개월가량이 금방 지나가고 있었다.

지난 여름방학을 맞아 아침 출근해서 밤까지 10시간 이상의 혹독한 트레이닝을 받게 된 재호 를 위해 방학 한 달 동안은 아침 7시부터 아이가 먹을 도시락을 정성스럽게 준비했다.

재호를 소속사에 데려다주고, 나는 다시 사무실로 돌아와 업무, 미팅하고 틈틈이 책 집필하며 라이브방송에 신입 쇼호스트 영입 트레이닝까지 버거운 일정들을 소화해내고 있었다.

밤 11시에 다시 아이를 픽업해서 집으로 돌아오면 나의 귀가 시간은 12시가 훌쩍 넘는 시간이 되었다. 샤워하고 나면 지쳐 쓰러져 취침하는 날들이 매일의 연속이었고 그 좋아하는 맥주 한 잔을 마실 여유와 체력도 없었다.

무엇보다 나보다 더 힘든 일정을 우리 재호 역시 힘겹게 배우며 노력하며 소화하고 있었다. 매일 노래, 춤, 랩을 규칙적인 스케줄에 맞춰 레슨 받으며 연습하며 성장하고 있었다.

사교육으로 치면 엄청날 학원비를 소속사서 미리 가르쳐주시니 솔직히 나로서는 감사했다.

빡빡한 하루하루의 일정으로 가끔은 쓰러지듯 사무실에 놓은 간이침대에서 틈틈이 낮잠을 청하며 체력을 유지하고 있었다. 뷰티 업계에 있다 보니 나의 스튜디오에 비치된 간이침대는 너무도 감사한 필수품이 되었다.

소속사 입사 후 재호는 15세 나이 연습생 한 달 만에 모 채널 오디션 프로 출연에 1차 합격 소식을 전달받게 되었다. 긴장의 연속이었다. 하지만 연습생 한 달 차의 실력은 오디션 프로그램을 소화할 수 없는 실력이었기에 아쉽게도 2차에서는 낙방하고 말았다.

15세에 첫 실패를 맛본 아이는 떨어진 소식을 듣자마자 엉엉 울었다. 한동안 자신의 재능을 비하하며 방황하는 눈치였다. 이 모습을 지켜본 나의 입장에서는 '저렇게 음악과 춤에 소질 있는 줄 알았으면 진작에 사교육이라도 시킬 걸' 하는 미안함에 남몰래 눈물을 훔치기도 했다.

재호도 스트레스가 컸는지 학교 친구들과 아침에 축구를 하다가 발목을 다쳐 한 달 이상 깁스를 하기도 했다. 인생은 시련만 있는 것이 아니기에 또 다른 기회가 찾아왔다.

그 후로 두 달 뒤 다른 방송국 오디션 프로에 여러 번의 테스트를 거쳐 재호 인생 첫 TV 출연 기회를 얻게 되었다.

아이는 자신이 부족한 실력을 인정했다. 아침에 기상하면서, 욕실에서 샤워하면서, 출퇴근길 차 안과 소속사에서 보컬 연습을 수시로 했고 랩, 춤도 틈나는 대로 실력을 쌓아가고 있었다.

그동안 무심했던 나 자신에 반성하고, 아이가 꿈꾸는 아이돌에 대해 나 역시 매일 밤 유튜브를 통해 공부하기 시작했다. 다른 회사 아이돌 친구들의 성장과 성공 과정을 봐도 정말 대단함을 느꼈다. 미래만 보고 투자해야 하는 소속사나 이를 믿고 따르는 아이돌의 삶은 정말 신뢰와 믿음이 있지 않으면 안 되는 일들이었다.

> **# 아이돌을 꿈꾸는 청소년들을 위한 추천도서**
> 강명석, 방탄소년단 저, 《비욘드 더 스토리》, 빅히트뮤직
> 박진영 저, 《무엇을 위해 살죠?》, 은행나무

단순히 아이가 가는 길을 지켜만 보는 것이 아니라 나 역시 그 길을 함께 가리라 마음먹었고 아이의 성공을 위해 꾸준히 응원하고 지지해주겠다는 마음으로 살아가고 있다. 이것이 부모인 내가

재호를 위해 할 수 있는 유일한 일이므로….

2023년 3월 23일, MBC에서 방영된 〈소년판타지〉라는 프로그램에 재호의 출연이 확정되었다. 2,000명에 가까운 아이돌 지망생들이 지원해서 출연의 기회를 얻은 54명 안에 들었다는 사실만으로도 너무 기특했다. 그동안 나의 노고가 헛되지 않았다는 생각도 들었다.

해가 바뀌고 16세에 자신의 실력으로 TV 출연까지 하게 되다니, 나 역시 이 사실이 실감이 나지 않았다. 프로그램 준비를 위해 정신없는 나날을 보내는 재호가 잘할 수 있도록 홍보하고 서포트하는 일이 또 다른 나의 역할로 확장되었다.

체력적으로 너무 힘든 시기였지만, 하루에 1~2번씩 아이와 차안에서 대화를 나누기도 하고, 티격태격 말싸움을 하기도 하며, 미안함에 눈물을 흘리기도 했던 세월이 소중한 추억이 된 것 같아 나름 보람을 느낀다.

평범하지 않은 인생을 선택한 아들. 사랑하는 두 아들이 자신이 선택한 인생길에서 최선을 다할 수 있도록 서포트해주고 아이들에게 존경받는 엄마가 되고픈 욕심을 부려본다. 뷰티 전문가, 뷰티 라이브셀러 이수진으로서 세상에 인정받는 그 날까지 나는 노력하고 배움의 길을 멈추지 않을 것이다. 이렇게 재호와 약속하며 꿈을 향해 다가가고 있다.

재호 덕에 찾게 된 취미생활,
'아크릴화 그리기'

　내가 그림을 그린다고? 2022년 10월, 김포에서 프랜차이즈 요식업을 운영하는 지인과 함께 2박 3일 제주여행을 다녀왔다. 우연한 기회에 제주에 사는 미술 작가님을 통해 아크릴화 원데이 클래스를 접하게 되었다. 제주에 내려오셔서 5년째 운영하는 작업실이어서인지 그림을 그리고 싶은 욕구가 생기고 배움의 분위기가 우수한 공방이었다.

　자그마한 캔버스에 그리고 싶은 것을 그려보라는 작가님 말씀에 주저 없이 내가 좋아하는 장미꽃을 스케치하고 아크릴물감을 입혔다. 컬러 고민은 더 할 필요도 없었던 이유는 캔버스에 그리는 순간 레드 컬러가 떠올랐기 때문이다.

　2시간가량 집중해서 첫 작품을 완성했다. 완성의 희열과 동시에 붓과 물감으로 집중하며 놀 수 있다는 경험을 하니 호기심이 작동했다. 나의 여행용 가방에 첫 작품을 담아 사무실로 가져와 디스플레이 해놓았더니 그 뿌듯함이 말로 표현할 수 없었다.

2시간 이상의 집중력, 컬러를 칠하면서 느끼는 희열, 완성된 작품을 본 성취감은 여느 맛집이나, 관광 명소보다 감동적인 제주여행의 하이라이트가 되었다.

출장에서 돌아와 며칠 뒤 화방에 들러 아크릴물감, 붓, 팔레트, 캔버스, 스케치북 등을 구매해서 사무실 앉아 그림 그리고 싶은 날 3~4시간을 집중하며 그림을 그리기 시작했다.

한 작품, 한 작품을 연습하다 보니 어느 순간 50개 이상의 작품들이 완성되었다. 연습하는 동안 나도 모르게 쌓인 스트레스도 풀리는 느낌이었다. 음악을 틀어놓고 아크릴 컬러를 입히면서 회상되는 나의 어린 시절을 떠올리며 크게 눈물을 흘리기도 하는 감정을 느껴보기도 했다. 아마도 어릴 적 소질을 너무 몰라본 나의 무심함에 안타까운 마음도 들었던 것 같았다.

매일 연습생 재호을 픽업하기 위해 보내야 했던 저녁시간을 라이브방송과 아크릴화 그리기로 알차게 보내고 있는 시간에 나 자신을 칭찬하고 싶다.

인생을 살면서 보내야 하는 시간은 정말 소중하니까.

워킹맘으로 살아가는 여자의 인생

    나와 함께 비즈니스 협업을 하는 여성 대표들 보면 존경스러움이 느껴지는 분들이 많다. 본인들의 업무도 바쁜데 자녀교육까지 잘하고 계시는 분들의 이야기가 항상 감동적이다.

    김선지 교수님 역시 딸 둘을 둔 워킹우먼이다. 우리가 친해지게 된 동기 중 하나는 자녀교육에 있어서 교육 철학도 비슷해서다.

    재호와 동갑인 그녀의 큰 딸은 영재교육을 받으면서 외고에 입학한 인재다. 우리가 가정처럼 일해서 가정을 유지해야 하기에 많은 사교육 비용을 쓸 수는 없다. 하지만 아이들의 인성교육이나 공부에 있어서만큼은 믿고 의지할 만큼 잘하고 있기에 워킹우먼으로서 자랑할 만한 자부심이 있다.

함께 진행하는 업무로 호텔에서 자주 보내야 했던 상황에 김 교수님에게 질문을 했다.

"교수님은 자녀교육에 있어 가장 중요한 게 무엇이라고 생각하세요?"
"저는 공부보다 인성과 예의를 철저히 가르쳤어요."

정확히 내가 추구하는 교육관이었다. 나 역시 두 아들에게 그 부분을 잔소리했기에 공감할 수 있었다. 그녀는 여유시간이 될 때마다 두 딸과 함께 보내며 미술관, 박물관, 야외놀이 등 함께 시간을 보내며 본인도 해야 할 공부를 함께 해나가며 시간을 보낸다고 한다.

워킹맘, 워킹우먼으로서 참 멋지게 살아가는 것 같다. 그래서 더 응원하는 사이가 되었다. 그리고 우리의 또 다른 공통점은 아이들의 건강을 위해 주로 집밥을 해먹인다는 것이다.

일하는 엄마들은 잘 알겠지만 참 힘든 부분 중 하나가 집밥 차리는 일이다. 옛 어르신들이 '밥상머리 교육'이라는 말을 왜 하셨겠는가? 엄마의 사랑이 깃든 식사가 정서적으로 안정감과 영양을 더해주기에 우리는 홈메이드를 추구하는 공통점이 있었다.

PART 09

일본 북해도에
수진뷰티
오픈

원 포인트 윤곽관리 테크닉 탄생

일본 무역만 오랫동안 진행하고 있는 지인 대표님이 전화가 와서 "대표님, 급해서 그런데 내일 미팅시간 좀 내주실 수 있어요?"라고 부탁했다.

며칠을 앓아서 컨디션이 좋은 상태는 아니었지만, 도움을 드리러 가야 할 거 같아 다음 날 시간을 내서 지인의 사무실로 찾아갔다. 미팅 룸에는 일본서 온 에스테틱 원장님 두 분과 치과의사 부부가 함께 나를 기다리고 있었다.

K-뷰티 에스테틱 프로그램을 그대로 가지고 가고, 화장품과 에스테틱 문화까지 다 전수받고 싶어 하는 친구였다. 그녀들은 《뷰라판》책을 쓴 나를 더 믿음직스러워하는 눈치였다.

그렇게 첫 번째 미팅을 마치고 9월에 두 번째 한국 방문 때 필링 교육과 한국문화 프로필을 촬영하며 일본에서 홍보할 수진뷰티 이미지를 맞춰갔다.

다시 한국을 방문하기 전, 3개월 동안 라인 앱으로 의사소통하며 북해도에 오픈할 수진뷰티를 구체적으로 준비했다.

10년 전, 에스테틱 사업을 시작했을 무렵 김해의 김선지 원장님을 비욘VYON 세미나서 만나게 되었다. 그녀는 푸근한 인상만큼 차분하고 꾸준한 성향의 뷰티 전문가였다.

나는 그녀를 처음 본 순간 그녀와의 인연은 꾸준하게 갈 거라는 막연한 느낌이 들었다. 1년 아니 2년에 한 번을 만나더라도 반갑고 편안한 그런 분 중 한 명이셨다. 일본 파트너 시노가 나에게 수진뷰티를 하고 싶다고 제안했을 때 가장 먼저 생각났던 파트너는 바로 이분이었다. 현재는 대학서 뷰티케어학부 기초피부학, 근육학, 피부상담 코디까지 강의하시며 개인 에스테틱 숍 '앤뷰티'도 운영하시고 계신다. 수진뷰티만의 테크닉을 제안했을 때 한 달 만에 그녀는 자신의 노하우를 담은 '원 포인트 윤곽관리' 테크닉을 탄생시켰다.

어릴 적 심한 여드름 피부로 고민이 많았던 그녀는 화장품을 통해 세안의 중요성을 알 수 있었다고 한다. 학과 성적도 우수한 편이었는데 물리치료사인 친언니의 추천으로 뷰티학과에 입학하게 되었다. 제품회사, 피부과, 산부인과, 한의원, 피부관리실 등 여러 곳에서 뷰티 경험을 쌓고 꾸준히 공부했기에 지금의 대학 겸 임교수로도 활약할 수 있었다. 나의 예상대로 그녀는 프로페셔널 한 뷰티 전문가였다.

출처 : 수진뷰티

수진뷰티를 일본에 알리기 위해 나는 김 원장님께 '원 포인트 윤곽관리' 교안을 만들어보자고 제안했다. 그녀는 흔쾌히 수락했고 당장 수익을 떠나 함께 만들어 갈 시간에 대해서도 논의하면서 우리의 비즈니스를 준비하게 되었다.

그녀가 만든 교안 목차는 다음과 같다.

1. '원 포인트 윤곽관리'를 만들게 된 동기

옛날 광고에 V라인이라는 문구로 유명 여자연예인이 하는 광고가 나온 적이 있었다. 그때 폭발적인 인기를 끌었는데, 그때부터 여성들에게 V라인처럼 날렵하고 작은 얼굴이 미의 기준이 되었다. 그러다 보니 병원은 물론 에스테틱에서도 많은 관리비법이 쏟아져 나왔다. 윤곽관리, 작은 얼굴 만들기, 얼굴경락 관리 등 관리를 위한 수많은 테크닉이 생겨났다. 나 또한 23년 미용업에 종사하면서 수많은 테크닉들을 배우고 익혀 피부관리에 사용했다. 여기서 오는 문제점은 동작도 많고 아프고 피부자극이 되는 것들이 많다는 것이었다. 이런 문제점을 보완하기 위해 근육학과 해부학, 피부학 이론을 토대로 쉽고 간단하고 효과를 극대화해서 수진뷰티의 '원 포인트 윤곽관리'를 만들게 되었다.

2. 윤곽관리란?

피부 윤곽관리는 피부의 형태와 윤곽을 개선하는 피부관리를 의미한다. 피부의 윤곽은 얼굴과 몸의 곡선, 선명도, 균형 등과 관련된 요소를 포함하며, 특히 얼굴의 윤곽은 인상을 크게 좌우한다. 윤곽관리를 통해 얼굴의 균형을 조정하고, 얼굴 형태를 더욱 선명하고 아름다운 외형을 유지할 수 있도록 도움을 준다. 시중에 정말 많은 윤곽관리 교육들이 있다. 그 중 원포인트 윤곽관리의 핵심은 아프지 않고 복잡하지 않은 단순한 테크닉으로 효과를 극대화시키는 것이 포인트다.

책에 다 표현하지는 않았지만 목관리가 제일 중요한 부분이다. 기회가 된다면 목관리의 중요성에 대해 이야기하고 싶다.

3. 윤곽이 변하는 이유

사람의 얼굴 형태, 윤곽이 변하는 이유는 여러 요인이 있다.

그중 가장 큰 원인은 노화다.

① 피부 노화 : 노화로 인해 피부는 신진대사 기능이 저하되어 각질 형성, 멜라닌, 랑게르한스, 메르켈세포가 감소한다. 콜라겐과 탄력 섬유가 감소하게 되며 진피 두께가 얇아진다. 이로 인해 피부가 주름지고 탄력이 떨어지며, 팔자주름 등이 생겨나 얼굴의 윤곽이 변화한다.

② 근육 감소 : 노화에 따라 근육의 무게, 크기 및 강도가 감소할 수 있는데 얼굴을 형성하는 근육 또한 감소하기에 얼굴의 윤곽이 변화할 수 있다.

③ 지방 분포 변화 : 나이가 들면서 얼굴에 있는 지방 조직의 분포가 변화합니다. 지방이 중력에 의해 내려가면서 볼이 늘어지고 턱선의 형태가 변할 수 있다.

④ 호르몬 변화 : 나이가 들면서 호르몬 수치도 변화하는데 호

르몬 변화는 피부 상태와 근육 발달에 영향을 미치며, 얼굴 형태에도 영향을 미칠 수 있다.

⑤ 외부 환경 요소 : 환경적 요인 자외선 노출, 공해, 스트레스 등은 피부 건강에 영향을 미치고, 이로 인해 얼굴 형태가 변화할 수 있다.

이러한 요인들이 노화에 따라 복합적으로 작용해 얼굴 형태가 변화하게 된다. 윤곽관리를 하기 위해서는 기본적으로 해부학적인 내용을 알아 두는 것이 좋다. 그중에서도 안면근육과 신경, 근막, 뼈의 개수 등 근육의 방향 뼈의 위치 신경의 흐름 모양과 위치를 알고 있으면 관리 할 때 더욱 큰 효과를 낼 수 있어 고객에게 믿음을 줄 수 있다.

4. 안면근육

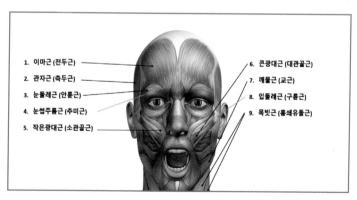

출처 : 저자 제공

5. 주요근육

- 이마근(전두근) : 눈썹 올리고 이마 주름을 만들며 두피 앞, 뒤쪽으로 움직이는 작용을 한다.
- 관자근(측두근) : 턱을 닫고 당기는 작용을 한다.
- 눈둘레근(안륜근) : 눈을 감는 작용을 한다.
- 눈썹주름근(추미근) : 눈썹을 아래 안쪽으로 당기고 이마에 주름을 지게 하는 작용을 한다.
- 작은 광대근(소관골근) : 입술을 벌리게 하는 작용을 한다.
- 큰 광대근(대관골근) : 입술을 위쪽으로 당겨 미소짓게 한다.
- 깨물근(교근) : 턱을 닫고 이를 깨물며 음식을 씹는 작용을 한다.
- 입둘레근(구륜근) : 아랫입술을 오므리거나 다무는 작용을 한다.
- 목빗근(흉쇄유돌근) : 목을 굽히고 한쪽만 작용할 때 반대 방향으로 돌리게 한다. 머리와 목을 고정하는 작용을 한다.

6. 윤곽관리 시 사용되는 손 명칭

- 수장(손바닥)
- 수지(손가락)
- 지과(손가락 마디)
- 모지(엄지손가락)

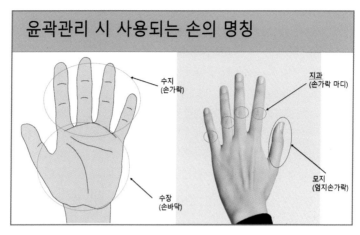

출처 : 저자 작성

7. 관리 전 주의사항

① 피부 상태 : 피부 관리 시작 전 상담을 통해, 시술 전 피부 상태를 파악하는 것이 중요하다. 고객에게 건강 상태 및 의약품 복용 여부에 대한 정보를 물어보고, 특이한 반응이 있는지 확인한다. 특히 피부에 이상이 있는 경우(염증, 발진, 상처 등) 관리를 하지 말아야 한다.

② 피부 진단 및 상담 : 전문 피부 진단 기기를 사용해 피부 상태를 정확하게 분석하고, 이를 기반으로 개인 맞춤형 서비스를 제공한다. 상담에서는 고객의 피부 건강 목표, 특별한 욕구, 사용 중인 화장품 등을 파악하고 서비스에 반영한다.

③ 위생 및 소독 : 관리사는 깨끗한 손으로 작업해야 하며, 필요한 경우 손을 깨끗이 씻은 후 손 소독제를 사용해야 한다. 또한 관리 시 모든 도구와 기기는 사용 전에 소독되어야 한다. 일회용품은 한 번 사용 후 즉시 폐기되어야 하며, 면화 등 재사용 가능한 물품은 철저한 세척과 소독이 필요하다. 이러한 과정들을 고객에게 신뢰를 형성하는 데 도움이 된다. 고객들은 보지 못하는 것 같지만 다 보고 느끼고 있다.

④ 알레르기 확인 및 테스트 : 고객의 피부에 화장품이나 제품을 적용하기 전에 패치 테스트를 통해 알레르기 반응이 있는지 확인하면 좋지만 우리는 피부과가 아니라서 할 수 없기에 상담 시 꼭 확인해야 한다. 또한 사용하는 제품의 성분을 고객과 공유해 안전성을 최대한 확보한다.

⑤ 피부 타입 및 상태 고려 : 피부 타입에 따라 적절한 제품과 서비스를 선택하고 피부 타입에 따른 관리 계획을 정하는 게 필수이다.

⑥ 화학물질 사용 주의 : 화학물질(화학적 필링)을 사용할 때에는 고객의 피부 상태와 민감도를 고려해서 적절한 농도와 시간을 설정하고, 사용 중에 고객의 피부 반응을 지속해서 모니터링한다. 차트 기록을 꼼꼼히 정리하는 것이 중요하다.

⑦ 안전한 관리 테크닉 기술 : 피부 윤곽 마사지는 너무 강한 압력으로 관리하지 않아야 한다. 시술 중 피부에 민감한 반

응이나 발진 등이 나타날 수 있으므로 적절한 압력과 테크닉을 사용해서 부드럽고 안전하게 관리해야 한다.

⑧ 민감한 부위 피하기 : 눈 주위, 입 주위, 코 주위 등 피부가 얇거나 민감한 부위는 강한 압력을 사용하지 않도록 한다.

8. 관리 순서

관리 순서(출처 : 저자 작성)

① 피부 진단(Skin Analysis) :

- 고객과의 상담을 통해 피부 타입, 특별한 요구사항, 피부 상태 등을 파악한다.

- 전문 기기를 사용해 피부 진단을 실시하고, 고객의 피부 상

태를 정확히 평가한다.

– 고객과의 상담을 통해 얼굴의 윤곽을 파악하고 어떤 부분에 집중적인 관리가 필요한지를 결정한다.

– 고객의 피부 상태와 원하는 결과를 고려해 계획을 수립한다.

② 상체 후면(등) 테콜데 관리(Back Treatment) : 상체 후면(등) 관리 및 데콜테 관리로 혈액순환 및 릴렉싱을 시키므로 관리 효과를 극대화할 수 있다.

③ 클렌징(Cleansing) : 메이크업 및 피지를 제거하고 피부를 깨끗하게 하고, 피부 타입에 맞는 클렌저를 사용해서 피부를 클렌징을 한다.

④ 딥클렌징(Deep Cleansing) : 클렌징 후에 피부에 남은 노폐물을 제거하기 위해 기기 관리 및 피부 타입에 맞는 AHA, 효소, 스크럽 등을 사용한다. 피부 각질을 깨끗하게 제거해 다음 관리의 효과를 극대화시킨다.

⑤ 피부 타입에 맞는 1차 마스크 : 피부진단 결과에 맞춰 고객의 피부 타입에 맞는 마스크를 적용한다.

⑥ 윤곽관리 : 윤곽관리는 얼굴에서 특정 부위에 집중해서 윤곽을 부각시키고 피부 탄력을 높이는 피부 관리 방법 중 하나다. 이 방법은 얼굴의 특정 부위에 아프지 않고 간단한 테크닉으로 관리해 생동감 있고 어려보이는 동안 피부를 가질 수 있게 한다.

⑦ 2차 마스크 : 1차 마스크 후에 피부에 필요한 추가적인 영양을 공급하기 위해 2차 마스크를 적용한다. 피부 상태에 따라 촉촉하게 하거나 영양 공급에 특화된 마스크를 사용할 수 있다.

⑧ 마무리 : 고객의 피부 타입에 맞춰서 마무리를 하고 홈케어 상담과 후 관리 예약 일정을 잡는다.

9. 윤곽관리 주요 동작

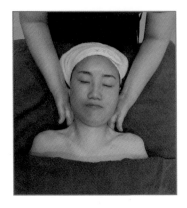

출처 : 저자 제공

관리 시작 전 긴장을 풀고 림프 순환을 촉진시키는 동작이다.

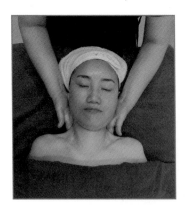

출처 : 저자 제공

머리덮개널힘줄(모상건막) 헤어라인을 모지를 이용해 부드럽게 풀어준다.

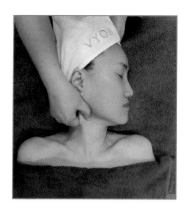

아래로 늘어진 얼굴 리프팅을 위한 동작이다.

목을 돌리거나 굽히는 작용을 하는 목빗근을 가볍게 잡아당겨 준다. 이때 다른 한 손은 머리를 지지해 수평을 만들어준다.

수장을 이용해 흉골 사이를 밀어서 풀어준다.

이때 수장이 뜨지 않게 지그시 압을 가해야 한다.

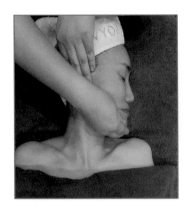

사각턱과 이중턱을 위한 동작이다.

두힘살근(이복근) 이중턱 턱끝에서 시작해 귀밑까지 턱 밑선 라인을 따라 쓸어 당겨준다.

하악골 라인을 모지를 이용해서 밀었다, 올렸다를 반복하며 풀어준다.

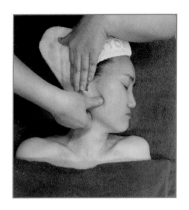

깨물근 모지를 이용해 조금 강한 압으로 지그시 밀어준다.

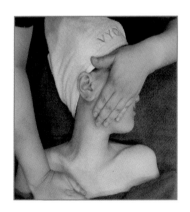

양 수장을 이용해 교차로 늘려준다.

팔자주름에 도움을 주는 동작이다.

광대 라인을 따라 양수지를 세워 압을 주며 쓸어준다.

입둘레 라인을 따라 모지로 끌어 올려준다.

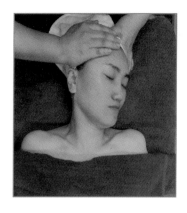

얼굴 넓이를 줄이기 위한 동작이다.

관자근 풀기 수근을 이용해 조금 강한 압으로 지그시 눌러 원형을 그리듯 풀어준다.

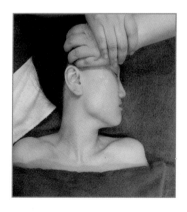

수지를 이용해 빗으로 빗듯이 쓸어서 풀어준다.

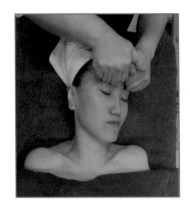

지과를 이용해 이마근을 밀었다 올렸다 하며 풀어준다.

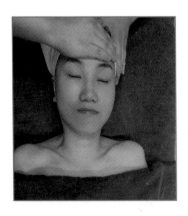

수장을 이용해 이마근을 쓸어준다.

10. 고객 응대

① 고객 응대 매뉴얼 : 피부 관리 업무에서 고객 응대는 매우 중요한 부분이다. 사람을 만날 때 신뢰의 밑거름이 되는 첫인상이 형성되는데 걸리는 시간은 3초라고 한다. 고객이 처음 방문했을 때 받는 인상 또한 마찬가지이다. 피부 관리는 서비스업이므로 고객이 만족하고 다시 방문해 다른 사람들에게 추천하는 데 도움이 될 수 있는 피부 관리 고객 응대 매뉴얼이 중요하다.

② 친절하고 환영하는 태도 : 평소 미소 짓는 연습을 통해 부드러운 표정을 훈련해 고객을 미소로 맞이하고 친절 태도로 대하면 긍정적인 인상을 주는 데 도움이 된다.

③ 고객의 요구사항 듣기 : 고객의 피부 관련 문제나 요구사항을 귀 기울여 듣는다. 이때 말을 하거나 들을 때 공감하는 자세(상대방을 향해 몸을 앞으로 기울인다거나 시선을 마주치고 상대가 말할 때 고개 끄덕이기)를 취한다. 고객의 관심사와 우려 사항을 이해하고, 거기에 맞춰 서비스를 제공한다.

④ 전문적인 상담 : 피부 상태와 유형에 따라 적절한 피부 관리 방법을 제안하고, 피부 관리 과정이나 사용하는 제품에 대한 안내와 설명을 제공한다. 전문장비가 있으면 활용해 고객에게 전문적인 상담을 제공한다.

⑤ 세심한 배려와 케어 : 고객들이 편안하고 안심할 수 있도록 세심한 배려와 케어를 제공합니다. 예를 들어 귀중품 같은

것은 금고나 다른 곳에 보관한다. 관리시간이 얼마나 걸리는지 등을 사전에 이야기해 다음 일정에 차질이 생기지 않도록 한다. 침대까지 안내해 이불을 덮어준다. 피부 관리 중 불편함이 없는지 물어보고 관리가 끝난 후 실내화를 챙겨준다. 고객이 돌아갈 때 현관문까지 따라가 인사를 한다. 이런 사소한 행동이 나의 단골손님을 만든다.

⑥ 청결과 위생 유지 : 피부관리실의 물품이 정리정돈이 잘되어 있는지, 불쾌한 냄새가 나지 않는지 점검하고 냉난방 온도가 적당한지 점검한다. 도구와 기계를 항상 청결하게 유지한다.

⑦ 피드백 수렴 : 고객들로부터의 피드백을 소중히 받아들이고, 개선점을 찾아 계속해서 서비스 품질을 향상한다.

⑧ 맞춤 서비스 제공 : 고객 맞춤 서비스를 제공해 신뢰와 충성도를 구축한다.

⑨ 예약 관리 : 효율적인 예약 관리를 통해 고객이 원하는 시간에 피부 관리 서비스를 받을 수 있도록 도와준다.

⑩ 차트작성 방법

• 고객 정보

이름

연락처

성별

생년월일

직업/직종(업무 환경 및 일상 활동에 따른 피부 상태 파악)

• 피부 상태 평가

피부 유형(건성, 지성, 복합성, 민감성 등)

피부 상태(여드름, 주름, 홍조, 피부색 등)

피부 톤(색소 침착, 흉터 등)

피부 탄력성(팔자주름, 볼 처짐, 사각턱, 이중턱, 눈주름, 광대)

피부 보습 상태

피부 민감도

• 과거 피부 관리 이력

지난 관리 내용(사용한 화장품, 피부 치료, 시술 등)

이전 피부 문제 및 해결 방법

• 건강상태

병력 유무, 수술, 복용 약, 심장박동기 등

• 고객의 우려 사항 및 목표

피부에 대한 고민 사항

개선을 희망하는 부분

목표 달성을 원하는 사항

• 상담 내용 요약
상담일자 및 시간
상담 내용의 간략한 요약

• 추천 피부 관리 방법
피부에 맞는 청결 방법
적절한 화장품 사용 권장
피부 보호를 위한 권고 사항(선크림 사용 등)
필요 시 피부 관리 시술이나 전문가 상담 권유

• 기타 사항
상담 중 언급된 특이 사항
상담 과정에서 확인된 특이점

• 피부 관리 상담 차트
고객과의 상담 과정을 체계적으로 기록해 추후 참고하고 효과
적인 피부 관리 방법을 제시하는 데 유용하다. 또한 문제가 발
생했을 때 대처하기가 좋고 사소한 것이라도 기록해 대화 중에
사용하면 고객에게 감동을 줄 수 있다.

#참고문헌

김해남, 《기초피부미용학》, 정담미디어
성기서 외, 《클리니컬마사지》, 영문출판사
이덕수 외, 《야손테라피》, 훈민사
김용수 외, 《비주얼아나토미》, 대경북스
이한기, 《인체해부학》, 고문사
하병조, 《기능성화장품학》, 신광출판사
김흥석, 《화장품상담학》, kccsa
김진명 외, 〈피부 노화 및 피부 주름 관리에 대한 고찰〉, 동의생리병리학회지

PART 10

쇼호스트,
멘토와
멘티

위브씨앤씨는 1인 기업이다. 앞서 본 글과 같이 1인 기업치고는 나 한 사람이 많은 일을 진행하고 있다. 《트렌드코리아 2023》에는 '오피스 빅뱅'이라는 키워드가 등장하는 것처럼. 정식직원이 아니라 파트너로서 비즈니스를 원원하는 경우가 많다는 이야기다.

웹디자이너 1명, 쇼호스트 7명, 제조컨설팅 연구원 1명, 물류담당 2명 이렇게 나와 함께 업무를 수행하는 파트너들이 있다. 그들은 각자 사업자가 있는 때도 있고 프리랜서로 활동하고 있는 친구도 있다.

이렇게 업무 해나간 지 3년째인 나는 이 방법이 각자의 시간도 존중해주고 주 1회나 2회 만나 미팅하면서 진행해가는 업무패턴 역시 자유롭고 좋다고 생각된다.

비욘VYON 채널 출연하는 쇼호스트들도 이런 형태의 업무로 근무하고 2023년 4월에 진행되는 원데이 클래스에는 함께 참여시켜 단합도 잘되고 좋았다.

현재 나와 함께하는 쇼호스트들의 이야기들을 들어보겠다.

쇼호스트들이 가져야 할 책임감에 대해 언급하고 싶다. 쇼호스트는 멋진 직업이다. 외모도 밝고 아름답고 멋진 분들이 너무도 많다. 누군가의 상품을 대신해 판매해야 할 임무를 지녔기에 적극성이 있어야 하고 열정적이어야 한다. 단순히 제품이나 진행 멘트를 외워 말로만 정보 전달하는 앵무새 같은 영혼 없는 쇼호스트가 되면 안 된다. 자신이 판매해야 할 브랜드의 제품을 공부해야 하기도 하고, 직접 사용해보면서 느낌도 디테일하게 정리할 줄 알아야 한다. 일상을 공감하기 위해 상식도 많아야 한다. 단지 말만 잘해서는 방송으로 소비자분들이 부족함을 직관하며 느끼게 된다. 특히나 방송은 센스와 감각이 중요하다.

우리 회사와 3년 이상 프리랜서로 협업하고 있는 쇼호스트 강소미의 이야기를 들어보자.

쇼호스트 강소미

쇼호스트를 꿈꿨던 나는 이제야 작게나마 그 꿈을 이루었습니다. 제 12년 차 피부미용에 몸담고 있지만, 원래 제 전공은 컨벤션 경영(항공, 호텔, 마케팅)입니다. 학창시절 연극부와 댄스부, 대학생 때 레크리에이션 자격증을 보유하고 있어 타 대학교 축제 때 사회를 맡았을 만큼 활동적이고 활발한 성향의 소유자였어요.

16년 전, 첫 번째 직장 MEDICAL 전문여행사에서 일하면서 2년째 되던 해, 환율의 급격한 변동으로 회사 사정이 어려워졌습니다. 그때 '쇼호스트'라는 새로운 직업이 막 올라오기 시작했을 때였지요.

"이거다!" 정말 매력적인 직업 쇼호스트! 하지만 도전을 하려면, 저에게는 생계가 먼저이기 때문에, 회사도 그만두고 아르바이트를 하면서 학원비를 내고 다녀야 하는 상황은 감당할 수 없었습니다. 그래서 쇼호스트는 이상과 현실 속에서 현실을 택해 도전하지 못했던 작은 꿈이었습니다.

"안녕하세요. 모바일 쇼호스트 강소미입니다."

2021년에 제 숍을 운영하면서 홍보 동영상을 찍기 시작하고, 제품설명을 위해 편집을 하고 SNS 블로그 등에 올리며 지내던 그때, 우연히 지인의 권유로 모바일 쇼호스트에 도전하게 되었습니다. '네이버 쇼핑라이브가 아직은 생소하지만, 요즘 많이들 도전한다고 들었는데, 과연 내가 할 수 있을까?'가 아닌 '이제 드디어 도전할 수 있겠구나!'라는 마음으로 라이브커머스 교육을 듣게 되었습니다.

'모바일 쇼호스트 양성과정' 첫 번째 교육

첫 번째 교육은, 모바일 쇼호스트 양성과정 프로그램을 운영하는 작은 회사였습니다. 어떻게 진행되는 건지, 어떤 방식으로 운영되는 것인지 아무것도 모르는 상황에서 교육은 필수라고 생각했기에, 또한 지인분이 적극적으로 추천해서 참여하게 교육이었습니다.

전반적인 시스템과 운영 교육에는 만족감이 있었지만, 스피치

나 리허설 부분에서는 모든 게 준비되어 있는 상황(?)이었기 때문에 제가 배우기보다는, 칭찬만 받고 왔던 수업이었으며 그렇게 알차다고 느껴지지 못했던 수업에 아쉬움이 많이 남았습니다.

그렇지만 네이버 쇼핑라이브 진행 운영 관련해서는 도움이 되는 교육이었습니다. 그래도 스피치 쪽으로 또 뷰티 부분에 대해 다른 교육도 받고 싶다는 생각을 하게 되었습니다.

무엇이든 시작할 때, 그 누구보다 시작하는 나 자신이 정확하게 알고 시작해야 한다고 생각하고 움직이는 성향이기에 교육에 대해서는 돈을 아끼지 않지만, 그 교육이 정말 제께 유익한 교육이 되어야만 한다고 생각하고 움직이는 저로서는 첫 번째 교육은 반만 성공한 교육이라 생각되었습니다.

'뷰티 라이프를 판다' 뷰라셀 라이브커머스 교육

첫 번째 교육을 받고 데뷔한 후 여기저기서 칭찬이 들려왔고 저 또한 처음 방송치고는 정말 잘했다고 생각되었습니다. 앞으로도 쇼핑 라이브에 몸을 담고 싶은 욕심이 생겼습니다. 그때 이수진 대표님을 만나게 되었습니다.

지인의 소개로 만나게 된 대표님을 만나 뵈러 가기 전, 대표님께서 진행한 쇼핑 라이브를 보고 만나러 갔는데, 첫 번째로 화면보다 실물이 훨씬 예쁘시고 얼굴도 작으시고 두 번째로 화면에서 느꼈던 그런 느낌이 아닌 정말 인간적으로 너무 좋으신 분이라고 느껴졌습니다. 재고 째고 하는 그런 성격이 아니시고 도와줄 수 있는 부분에서는 최대한 도와주시겠다고 손을 내밀어주신 대표님. 대표님의 라이브커머스 교육에 참여하게 되었습니다.

라이브커머스 교육 + 뷰티 전문채널 비욘VYON
청담동 스튜디오에서 진행된 라이브커머스 교육
박창우 쇼호스트와 이수진 대표님의 Dual Education Program

말하는 방법을 알려주고 교육 후, 교육자끼리의 리허설이 아닌, 실전 방송을 진행해 긴장감과 현실성을 일깨워 주는 교육이었습니다.

방송에서 말할 때 중요한 사항이 무엇인지 제가 궁금한 부분. 가려운 부분을 모두 해결해 준 교육이었습니다. 그리고, 정말 필요한 뷰티셀러의 마케팅 교육까지! 알찬 프로그램으로 경험이 능력이라는 생각이 많이 들었던 교육이었습니다.

또한, 교육이 끝난 후, 바로 대표님께서 쇼핑라이브를 진행하셔야 했기에 쇼핑 라이브 세팅 및 실전에서 필요한 요소들을 알 수 있었습니다. 이로써 저는 모바일 쇼호스트가 되기 위한 교육을 120% 채울 수 있었습니다 도전하세요! 실천의 반은 성공입니다.

'나도 할 수 있을까? 많이 안 들어오면 어쩌지? 하나도 안 팔리면 어떻게 하지?' 고민하지 마세요. 시작의 반은 성공입니다. 생각만 하지 마세요. 단, 준비되지 않은 자세로는 시작하지 않는 게 맞습니다! 도전해보고 싶다면, 시작해보고 싶다면 우선 무작정 시작하지 마시고! 교육 후 진행하세요! 어떻게 진행되는지, 어떻게 하면 할 수 있는지, 교육 없이는 시작할 수 없는 운영 방법도 방법이지만, 내가 무엇을 이야기해야 하는지, 어떤 부분이 포인트인지, 나 혼자는 절대로 알 수 없는 스킬! 이게 바로 교육이 필요한 부분입니다. "나 말 잘해!" "그냥 하면 되지 뭐"라고 하고 시작하시게 되시면, 방송 시작 5분도 되기 전에 그 방송을 끌 수도, 그 방송이 정지 당할 수도 있습니다. 정확한 포인트가 무엇인지 정말 내가 도전하고 싶다면! 교육을 받은 후 진행하세요. 당신의 도전이 더 빛날 수 있도록.

마지막으로 도전하는 모바일 쇼호스트 분들에게 하고 싶은 말은 이렇습니다.

첫 번째, 나에게 발전이 될 수 있는 교육을 받으세요.

어느 순간 사람은 자만하게 됩니다. 내가 말하는 게 맞지, 내가 하는 기술이 맞지, 내가 하는 방식이 맞지, 나는 정말 잘해, 저는 슈가링을 시작한 지 3년째 될 때도 정말 유명한 슈가리스트에게 직접 가서 슈가링을 받았습니다. 그분에게 배워서 하는 부분이 있다면, 다른 사람에게 배워야 하는 부분이 있다면 무조건 배워야 한다고 생각했고 그것이 나의 발전에 도움이 되는 첫 번째 트레이닝이라 생각합니다. 당신에게 유익한 교육을 받으세요!

두 번째, 꾸준함의 결실은 열매입니다.

이수진 대표님과 함께 진행한 뷰티 방송과 외부 업체 의뢰로 진행된 방송까지 10월 22일부터 7월 26일까지 총 21개의 방송을 진행했습니다. 이수진 대표님 덕분에 꾸준함을 배웠습니다. 좌절이 아닌 꾸준함이 나의 발전에 도움이 됩니다. 꾸준하게 진행하세요! 그리고 도전하세요!

세 번째, 최소한 그 시간만큼은 전문가가 되세요.

쇼호스트는 진행만 하면 되는 거 아닌가요? 절대 아닙니다.

그 시간만큼은 전문가가 되어야 합니다. 내가 판매할 제품이 무엇인지, 이 제품의 콘셉트는 무엇인지, 알고 시작하세요! 그래야 스피치를 할 수 있습니다! 내가 그 제품에 대해 알아야지 질문이 생기고 그 질문은 곧 고객들의 질문이 되게 됩니다! 그냥 물건을 들고 "좋아요. 좋아요! 정말 좋아요!" 하기에는 이제 소비 수준이 너무 높아졌습니다. 소비자들이 원하는 질문, 가려움을 긁어

줄 수 있는 질문! 그리고 판매자가 원하는 셀링 포인트! 이 두 가지 요소는 쇼호스트가 해야 하는 가장 중요한 요소입니다. 최소한 방송시간만큼은 전문가가 되어야 합니다.

네 번째, 모니터링은 필수입니다!

나를 돌아보는 시간, 이 시간을 두려워하지 마세요. 더욱 나은 발전을 위한 필수 핵심 포인트입니다. 내가 무슨 색 옷이 잘 어울리는지, 제품과 내 의상이 잘 어울렸는지, 조명은 어땠는지, 나의 말하는 습관은 무엇인지, 아쉬웠던 질문은 있었는지, 내 다리는 어떻게 하는 게 나았는지, 내 팔을 어디에 위치하는 것이 나았는지 등, 모니터링을 하지 않으면 알 수 없는 내 모습을 체크하고, 또 체크하는 것이 나를 발전시키는 가장 중요한 키포인트입니다.

이수진 대표님을 만나서 제 못 이룬 꿈을 이루게 되었습니다. 대표님의 조언으로, 대표님과 함께였기 때문에 가능했던 모바일 쇼호스트_소미 아직은 더 발전해야 하고, 더 나아가야 하는 길이 많은 걸 알기에, 대표님과 함께하는 이 길의 앞으로가 더 기대되고 즐거운 시간이 기다리고 있다는 건 알기에 너무나 신이 나는 소미입니다. 글을 쓰는 것도 너무 좋아하는데, 이렇게 기회를 주셔서 작게나마 대표님 책 한 페이지에 함께 할 수 있는 영광을 주셔서 너무 감사드립니다.

인생의 길은 정해져 있지 않지만, 그 길이 행복한 길이 되게 하

는 건 나 자신입니다.

그때, 나의 길이 행복해질 수 있게 옆에서 든든하게 나를 잡아 주고 배움을 주고 안아주는 사람이 있느냐 없느냐에 따라 그 행복의 길과의 거리가 좁혀지냐 멀어지냐의 차이가 있다고 생각합니다. 대표님, 제 행복의 길과의 거리를 좁혀 주셔서 감사합니다.

쇼호스트가 되면 여러 가지 형태로 방송을 진행하게 된다.

첫째, 집에서 간단히 스튜디오 형태를 만들어서 하는 홈 라이브방송이 있다. 집안에 간단히 스튜디오 분위기로 꾸며놓고 혼자 자유로이 편안한 이웃처럼 방송하는 장점이 있다.

둘째, 가장 많이 선호하는 라이브방송은 쇼호스트 2명의 방송이다. 일단 에너지부터가 혼자 하는 분과 비교가 안 될 정도로 에너지가 강해지고 진행도 훨씬 재미나고 유익하다. 상대 쇼호스트를 잘 배려하고 궁합만 잘 맞으면 아주 좋은 방송이 될 수 있다.

우리 비욘VYON 채널에서도 주로 2명이 방송했는데 뷰티 전문가인 나와 진행과 시연을 맡은 쇼호스트의 환상궁합을 이야기할 수 있다.

셋째, 신규 브랜드 소개나 다른 업종 라이브방송을 맡았을 때

제품 전문가와 쇼호스트 2명 3명이 진행하는 방송이 있다. 이때
는 특히나 진행 순서를 잘 정해서 방송해야 한다. 핸드폰 화면에
3명이 담길 때는 일단 꽉 차 보인다. 잘못 진행할 경우 어수선해
보일 수가 있고 집중도가 떨어질 수 있다. 나 역시 3명 진행을 하
는 방송이 가장 많은 신경과 에너지가 쓰였던 것 같다.

쇼호스트가 다른 사람과 진행 할 때는 "내가 더 이뻐야지, 내가
더 튀어야지"가 아니라 내가 상대방을 더 빛낼 수 있도록 받쳐주
고 배려한다는 마음으로 라이브방송 진행을 권한다. 혼자만의 욕
심이 방송 자체를 망치고 한 번의 실수가 다음이 없는 경력이 되
어버림을 많이 봤기 때문이다. 그만큼 겸손한 자세로 열심히 공부
하고 노력하는 사람만이 살아가는 사회이기 때문에 참고했으면
한다.

델라루즈코스메틱 대표 엄상희

4년 전 창업초기에 강원창조경제혁신센터를 통해 멘토와 멘티 기업으로 만나 화장품 유통에 대해 아무것도 모르고 있던 저에게 마케팅과 라이브방송을 가르쳐주신 이수진 대표님의 두 번째 책에 글을 쓰게 되어 감사드립니다.

저는 마흔이 넘어 사업에 사자도 모르지만 팔리는 제품을 만들어보고 싶다는 열망과 제품아이디어로 창업을 하게 되었습니다. 강원창조경제혁신센터의 G-스타트업 챌린지 사업에 선정되어 제품은 만들었지만 어떻게 판매를 해야 하는지 막막했습니다. 그때 창조경제혁신센터의 후속지원사업으로 뷰티 마케팅 분야 멘토로 이수진 대표님과 처음 인연을 맺게 되었습니다.

마케팅에 대해서 아무것도 몰랐기 때문에 블로그와 인스타그램, 페이스북 등 SNS를 어떻게 운영해야 하는지 기본적인 것부터 이수진 대표님께 배우며 하나씩 실천해나갔습니다. 어떻게 보면 한발 빠르게 라이브쇼핑 시장으로 진입해볼 수 있게 되었습니다. 화장품 시장은 누구에게나 열려 있지만, 생존하기에는 어려운 시장입니다. 초기 마케팅 비용이 굉장히 많이 들고 본인이 사용하는 제품에 대한 충성도가 높기 때문입니다. 초기의 소기업인 델라루즈코스메틱이 감당할 수 있는 예산이 많지 않았기때문에 저는 천천히 성장해나가는 브랜드가 될 수밖에 없었습니다. 멘토링에서 배운 대로 일주일에 3~4번 블로그와 인스타그램에 꾸준히 피드를 만들어 올렸고, 일주일에 한 번씩 네이버 라이브쇼핑 방송을 진행했습니다. 직원이 없는 저에게 그러한 기본 마케팅조차 쉽지가 않았습니다. 제가 그 일을 꾸준히 해나갈 수 있도록 동기를 유발하신 분이 이수진 대표님이셨습니다.

저는 스무 살부터 지금까지 하루 4시간 정도의 수면시간을 유지하고 있습니다. 대학을 다니면서 계절학기 없이 조기 졸업과 수석 졸업을 하고 대학원에서 전공을 바꿔서 진학하면서도 교수님들께 인정받으면서 학위를 마칠 수 있었던 것도 모두 시간을 아껴 쓰는 습관 때문이었습니다. 제가 보통 4시 30분에서 5시 정도에 기상하는데 늘 그 시간에 페이스북에 글을 올리시는 이수진 대표님을 보면서 적어도 저렇게까지 노력을 하면서 사업을 해야겠다는 생각을 했습니다. 그렇게 4년이 지난 지금 델라루즈코스메틱은 코로나19라는 어려운 상황 속에서도 10여 개국에 화장품을 수출하게 되었고 6개였던 제품은 20개로 늘어났습니다. 라이브방송에도 이제 300~400명의 고정팬이 생기기 시작했습니다.

이수진 대표님은 그동안 저에게 늘 아낌없는 조언을 해주셨습니다. 멘토와 멘티로 4년간의 세월을 보내면서 서로에 대한 신뢰가 쌓여 지금 이수진 대표님과 제조 컨설팅을 함께하는 동반자가 되었습니다. 이수진 대표님께서 저에 대해서 가장 크게 만족해하신 부분은 바로 '실행력'이었습니다. 수년간 저처럼 초기 창업자들의 멘토링 활동을 해오셨는데 작게나마 매주 알려주신 내용을 실행하고 꾸준히 하는 창업가가 많지 않은데 성실하게 배운 내용을 사업에 적용하는 모습에 저와 협업을 해볼 만하겠다고 생각하셨다고 합니다.

저는 직장생활을 약 20년간 했고 그 이후 저만의 사업을 진행하기 시작했습니다. 지금 시대는 많은 분이 창업을 고민하는 시대입니다. 창업에 대한 두려움도 있을 것이고 설렘도 있을 것입니다. 그러나 어떤 업종의 창업을 하든 혹은 조직 생활을 하든 가장 중요한 태도가 바로 실행력이라고 생각합니다. 아무리 훌륭한 상담사나 멘토를 만난다고 해도 이야기를 듣고 끝내는 태도로는 아무엇도 변화하거나 발전할 수 없습니다. 물론 배운 모든 것들을 실행하기에는 각자의 한계가 분명히 있습니다. 예산이나 공간, 혹은 사람의 한계를 느끼시는 순간을 많이 마주치게 될 것입니다. 저 또한 그런 막막한 순간들을 마주치고 이겨내고 있으니까요.

그러나 저는 확신을 하고 이야기하고 싶습니다. 한 번에 한 가지씩이라도 배운 내용을 실행하시면 분명히 3개월, 6개월, 1년 뒤의 모습이 달라져 있을 거라는 걸요.

요즘 20, 30대들에게 경제적 자유에 대한 관심이 증가하고 있다고 합니다. 그런데 정말 그들이 그것을 이루고 싶다고 한다면 무엇보다 먼저 갖추어야 할 삶의 태도가 있다고 생각합니다. 바로 나 자신을 객관적으로 돌아보는 일입니다. 이렇게 하기 위해서는 첫째, 남의 성공에 질투만 하는 것이 아니라 성공한 사람의 태도나 습관을 자세히 관찰하고 배워야 합니다. 둘째, 내 주변에서 일어나는 모든 일이 나의 일이어야 합니다. 조직 내에서 내일만 하면 되었다는 생각으로는 결코 성장하고 발전할 수 없습니다. 굳이 내 사업을 하지 않더라도 그런 사람은 조직 내에서도 도태되기 마련입니다. 셋째 노력하는 사람에게는 반드시 기회가 찾아온다는 믿음을 갖는 것입니다. 일반적인 사람들은 행운을 기다리기만 하거나 남의 성공이 운이 좋았다고 평가합니다. 그러나 언제나 노력하고 온 힘을 다 쏟는 사람은 다가오는 행운을 놓치지 않습니다. 이러한 태도를 가진 사람은 어려움 앞에서 쉽게 포기하지 않습니다. 노력할수록 좋아지고 쉬워진다는 것을 알기 때문입니다.

"이 책을 읽으시는 분들이 이 책을 통해서 새로운 길을 만나는 기회를 만드시기를 바랍니다. 우리가 모두 잠재적인 능력을 갖춘 위대한 사람이라는 것을 꼭 기억해주세요."

*

에

필

로

그

*

사람들은 나에게 "책을 어떻게 그렇게 빨리 써요?"라는 질문을 많이 한다.

그 힘은 아마도 2014년부터 SNS에 일기처럼 기록해놓았기 때문인 것 같다. 무엇보다 내가 경험한 일들과 경험기록, 생각들을 수시로 메모했기에 글을 쓰기가 수월했다.

어떨 때는 내가 "이런 감정의 글도 썼구나!" 하며 놀라기도 한다. 《뷰라판》에서 언급했듯이 SNS 기록의 힘은 나의 인생을 다시 돌아보게 하는 원동력을 주고 있다. 그리고 SNS로 만났던 멋진 인연들 덕분에 나의 인생은 하루하루 더 발전되고 있다.

라이브커머스를 통해 뷰티 전문채널 비욘VYON이 만들어졌고, 라이브스튜디오 비욘VYON이라는 공간이 탄생했다. 나의 채널을 통해 뷰티를 배우고자 하는 젊고 아름다운 프리랜서 모바일 쇼호스트들도 파트너로 함께 성장하게 되었다.

나는 경험하거나 실행하지 않은 일에 대해서는 강연 때 언급하지 않거나 기록으로 남기지도 않는다. 그만큼 '경험의 힘'을 믿고 있기 때문이다.

라이브방송을 1년 넘게 실행하면서도 중간중간 글을 쓰다가 멈추고 새로운 글감이 나오기 전에는 노트북을 펼치지 않았다. 그리고 시작이 아니라 업무의 끝을 마무리하고 잘한 점, 서툴렀던 점들을 체크하고서야 다시 노트북에 기록하는 습관을 가졌다.

가끔 쇼호스트가 사용해보지 않은 제품을 라이브방송에서 판매하는 경우를 체크하게 된다. 내가 방송을 직접 해봤기 때문에 멘트 몇 마디만 들어도 사용해본 제품을 소개하는지 아닌지를 빨리 알아차릴 수도 있다.

라이브방송은 절대 이렇게 시작하면 안 된다. 제품 공부나 사용자의 경험은 쇼호스트 영향력과 '말의 힘'을 주기 때문이다. 즉, 판매율이 달라질 수 있다는 것이다.

'작은 습관이 모여야만 성공으로 향하는 문턱에 들어선다'라는 이야기는 누구나 알고 있다. 하지만 꾸준한 실천이 얼마나 무서

운지를 잘 알기에 나 자신을 매번 점검하고 채찍질하며 노력하며 살아가고 있다. 작은 성공을 맛본 사람들은 더 나은 성공을 위해 갈 수밖에 없으니까. 세상에 판매하지 못 할 제품은 없다고 생각한다.

어쩌다 보니 뷰티, 패션, 주얼리, 생활용품, 호텔 패키지, 애견 펜션, 건강 먹거리까지 여러 상품을 판매할 기회가 생겼다. 기대하지 않았던 제품이지만 의외의 매출이 나오기도 했다.

우리 채널의 이미지, 콘셉트와 잘 맞는다면 세상에 팔 수 없는 상품은 없다는 생각이 든다. 언제까지 라이브방송을 할지는 나조차 잘 모르겠다. 하지만 분명한 것은 내가 필요할 때까지는 꾸준히 알리고 성장하고 싶다.

나는 뷰티 라이프 스타일을 판매하는 CEO다.

CEO 이수진

뷰티 라이프 솔루션을 판다

제1판 1쇄 2024년 2월 22일

지은이　이수진, 김선지
펴낸이　한성주
펴낸곳　㈜두드림미디어
책임편집 이향선
디자인　얼앤똘비악(earl_tolbiac@naver.com)

㈜두드림미디어
등록　　2015년 3월 25일(제2022-000009호)
주소　　서울시 강서구 공항대로 219, 620호, 621호
전화　　02)333-3577
팩스　　02)6455-3477
이메일　dodreamedia@naver.com(원고 투고 및 출판 관련 문의)
카페　　https://cafe.naver.com/dodreamedia

ISBN　979-11-93210-54-3 (03320)